Dieses Buch ist erhältlich als:
ISBN 978-3-407-75590-2 Print
ISBN 978-3-407-75878-1 E-Book (EPUB)

© 2021 Beltz & Gelberg
in der Verlagsgruppe Beltz · Weinheim Basel
Werderstraße 10, 69469 Weinheim
Alle Rechte vorbehalten
Einbandgestaltung und Illustration: Stephanie Dierolf, Heilbronn
Lektorat: Andrea Baron
Neue Rechtschreibung
Herstellung: Elisabeth Werner
Satz: Stephanie Dierolf, Elisabeth Werner
Layout: Stephanie Dierolf, Freiburg
Druck und Bindung: Beltz Grafische Betriebe, Bad Langensalza
Printed in Germany
1 2 3 4 5   25 24 23 22 21

Weitere Informationen zu unseren Autor_innen und Titeln finden
Sie unter: www.beltz.de

Jörg Bernardy

Ich glaube, es hackt!

LEBEN IN ZEITEN VON TABUBRÜCHEN

BELTZ
& Gelberg

INHALTS-
VERZEICHNIS

VORWORT__8

KAPITEL 01: LÜGEN
01. Ist Lügen menschlich?__12
02. Ist Lügen wichtig für die geistige Entwicklung?__16
03. Lügt die Presse? #lügenpresse__21
04. Publizieren Medien absichtlich die gleichen Inhalte?__24

KAPITEL 02: PROVOZIEREN
01. Kann jeder provozieren?__30
02. Was heißt »Tabu«?__33
03. Warum sind Tabubrüche in den Medien so beliebt?__37
04. Wie löst man einen Skandal aus?__39
05. Leben wir in einer Meinungsdiktatur?__48
06. Ist Meinungsfreiheit absolut?__51
07. Soll Sprache die Veränderungen der
    Gesellschaft korrekt wiedergeben?__57

KAPITEL 03: VERARSCHEN
01. Wer darf über wen lachen?__66
02. Darf man sich über einen Präsidenten lustig machen?__72
03. Seit wann lachen wir über Hitler?__74
04. Darf man über den Holocaust lachen?__76
05. Verarschen am Limit!__80

KAPITEL 04: HATEN

01. Verbindet Hass? 86

02. Wie entsteht Hass? 88

03. Wie denkt politischer Hass? 90

04. Kann man die Demokratie hassen? 93

05. Was ist eine extremistische Haltung? 106

06. In welcher Parallelwelt lebst du? 114

07. Wem nützt eine Theorie? 118

08. Wieso haben wir Angst vor Horror-Clowns? 120

KAPITEL 05: MANIPULIEREN

01. Wie leicht lässt du dich manipulieren? 128

02. Können wir unser Verhalten beeinflussen? 131

03. Wie täuschen und manipulieren Populisten? 137

04. Warum fallen wir auf Fake News rein? 144

05. Kann man Wahlen manipulieren? 147

KAPITEL 06: ÜBERWACHEN! PROTESTIEREN! ENGAGIEREN!

ÜBERWACHEN!

01. Wollen wir in einem Überwachungsstaat leben? 154

PROTESTIEREN!

01. Wozu überhaupt protestieren? 161

02. Darf jeder überall protestieren? 163

ENGAGIEREN!

01. Wofür willst du dich engagieren? 167

02. Von welcher Zukunft träumst du? 171

VORWORT

Schaut man in die Welt, könnte man glauben, sie sei völlig verrückt geworden. Auf der einen Seite Kriege, Menschen, die auf der Flucht ertrinken, Klimawandel, durchgeknallte Diktatoren, Populisten und Rassisten an der Macht. Auf der anderen Seite so viel Wohlstand und technologischer Fortschritt wie noch nie. Stillstand gibt es nicht.

Vielleicht ist aber gar nicht die Welt verrückt geworden, sondern der Mensch? Es sind die Menschen, die Kriege anzetteln, andere Menschen ertrinken lassen, zu viel CO_2 produzieren und ihre politische Macht missbrauchen. Es sind übrigens auch Menschen, die die durchgeknallten Diktatoren, Populisten und Rassisten wählen.

EIN BUCH ÜBER DIE DUNKLEN SEITEN

Wir alle lügen, provozieren, verarschen, haten und manipulieren manchmal. Wir fühlen uns angegriffen, wenn jemand eine Meinung ausspricht, die anders ist als unsere. Manche Menschen sind so sehr von ihrer Meinung überzeugt, dass man gar nicht mehr mit ihnen diskutieren kann.

Genau darum geht es in diesem Buch, um die dunklen Seiten des Menschen und der Gesellschaft. Nur wenn wir die dunklen Seiten kennen und verstehen, wie es dazu kommt, können wir

> »Wir schätzen die Menschen, die frisch und offen ihre Meinung sagen – vorausgesetzt, sie meinen dasselbe wie wir.«
>
> Mark Twain

besser mit ihnen umgehen. Mit den eigenen und denen der anderen. Und nur wenn wir etwas kennen und verstehen, können wir dafür sorgen, dass es uns und unserer Zukunft nicht schadet.

VIELE FRAGEN, ANTWORTEN UND GEDANKENSPIELE

In diesem Buch werden viele Fragen gestellt wie: Ist Lügen wichtig für die geistige Entwicklung? Kann jeder provozieren? Ist Meinungsfreiheit absolut? Seit wann lachen wir über Hitler? Wie denkt politischer Hass? Wollen wir in einem Überwachungsstaat leben?

Auf jede dieser Fragen findest du Antworten, verschiedene Blickwinkel und Perspektiven. Weil die Antworten aber nicht vollständig oder abschließend sein können, gibt es zusätzlich eine Reihe von Gedankenspielen, die ebenfalls Fragen stellen. An dich. Dabei kommt es nicht darauf an, dass du alles gleich auf Anhieb beantworten kannst. Entscheidend ist, dass du ins Nachdenken kommst und herausfindest, was dich persönlich interessiert und zu welchem Thema du dir gerne eine eigene Meinung machen möchtest.

DIE ZUKUNFT: DU ENTSCHEIDEST MIT!

Im letzten Kapitel geht es um Protest und gesellschaftliches Engagement. Auch deine Stimme wird in Zukunft mit darüber entscheiden, wie viel Gleichberechtigung wir in unserer Gesellschaft wollen, ob wir das Wahlalter auf 16 Jahre senken, was uns Europa wert ist und wer alles dazugehören soll. Aber auch, was wir für den Umweltschutz tun werden und wie viel Überwachung wir in unserem Alltag akzeptieren.

Am Ende wird es nicht möglich sein, alles zu verändern. Aber wir können das Schlimmste verhindern. Jeder kann den Blick auf sich selbst richten und sich folgende Fragen stellen: Von welcher Zukunft träume ich? Wofür will ich mich engagieren? In welcher Gesellschaft will ich leben?

Die Antworten darauf sind nicht immer einfach. Noch schwieriger ist ihre Umsetzung. Nur die Haltung, die man für ein Buch über die dunklen Seiten braucht, ist so einfach wie der Spruch auf einem Yogi-Tee-Beutel: *»Lasst uns Lichter anzünden, statt über die Dunkelheit zu klagen.«*

KAPITEL 01
LÜGEN

01. IST LÜGEN MENSCHLICH?
- **Gedankenspiel:** Lügen, die die Welt verändert haben

02. IST LÜGEN WICHTIG FÜR DIE GEISTIGE ENTWICKLUNG?
- **Gedankenspiel:** Warum werden Geschichten erfunden?
- **Gedankenspiel:** Aus welchem Grund würdest du lügen?
- **Gedankenspiel:** Heiligt der Zweck die Mittel?

03. LÜGT DIE PRESSE? #LÜGENPRESSE
- Feindbild Medien

04. PUBLIZIEREN MEDIEN ABSICHTLICH DIE GLEICHEN INHALTE?
- Auch Journalisten machen Fehler

01. IST LÜGEN MENSCHLICH?

»Morgen kommt der Weihnachtsmann!« Obwohl jeder ab einem bestimmten Alter weiß, dass das nicht stimmt, wird diese Illusion nach wie vor in vielen Kinderzimmern lebendig gehalten. Für die meisten Kinder ist Weihnachten eines der spannendsten und aufregendsten Feste des Jahres: Die Familie kommt zusammen, es wird gut gegessen und man macht sich gegenseitig Geschenke. Kein Wunder also, dass Weihnachten bei Kindern so beliebt ist. Trotzdem sind die Geschichten vom Weihnachtsmann und Christkind letztlich Lügen – oder nicht? Millionen von Eltern lügen ihre Kinder an, wenn sie ihnen erzählen, dass der Weihnachtsmann und der Osterhase wirklich existieren. Aber das scheint unter die Art von Lügen zu fallen, über die man nicht böse ist und die man den eigenen Eltern später auch nicht weiter verübelt.

Im Alltag sieht das meist anders aus. Da wird niemand gern belogen. Trotzdem lügt jeder Mensch mehrmals am Tag, obwohl er höchstwahrscheinlich versucht, nur in dringenden Not- und Ausnahmefällen zu lügen (oder an Weihnachten, wenn man kleine Kinder hat!). Überhaupt wird selten leichtfertig oder grundlos gelogen. Meistens lügt man aus Höflichkeit, Scham, Not, Selbstschutz, Unsicherheit oder aus Angst. Es gibt also durchaus berechtigte Gründe dafür, warum man lügt. Und trotzdem möchte niemand als Lügner gelten.

Was ist ganz allgemein gesagt das Ziel einer Lüge? Meist dient sie dazu, sich selbst einen Vorteil gegenüber anderen zu verschaffen. In Wirtschaft und Politik ist die Lüge häufig von der Gier nach Macht getrieben. Wer lügt, will aber manchmal auch einfach nur Verwirrung stiften. Politiker wie Donald Trump und Boris Johnson zum Beispiel wissen, wann sie lügen, und können abschätzen, was sie damit anrichten. Dabei geht es gar nicht unbedingt darum, andere von der eigenen Lüge zu überzeugen. Man wiederholt sie einfach so oft, bis auch andere an den Fakten zweifeln. Wenn hinterher niemand mehr genau weiß, was eigentlich wahr ist und was nicht, dann fällt es nicht mehr so auf, dass man gelogen hat. Man hat dann die gewünschte Verwirrung erzeugt und kann weiter für seine Ziele und Interessen kämpfen. Beim Lügen in der Politik geht es also in erster Linie um Manipulation und Demonstration von Macht. Das beinhaltet auch die Schwächung des Gegners (vgl. hierzu auch Kapitel 4: HATEN und Kapitel 5: MANIPULIEREN).

Generell genießt die Lüge keinen besonders guten Ruf. Schon gar nicht im Alltag. Lügner, die auffliegen, gelten als egoistisch, skrupellos, berechnend und unzuverlässig. Kurz gesagt: Wer viel lügt, wirkt für andere schnell unsympathisch. Wer lügt oder flunkert, lässt sich dabei am besten nicht erwischen. Denn wer lügt, handelt unmoralisch und verspielt das Vertrauen anderer Menschen. Würden alle Menschen permanent lügen, könnte man sich auf niemanden mehr verlassen. Das wiederum gefährdet nicht nur private Beziehungen, sondern macht auch politisches Handeln unmöglich. Wie soll man Verträge und Abkommen aushandeln, wenn man nie weiß, ob das Gegenüber gerade die Wahrheit sagt oder lügt? Wie kann man soziale Beziehungen ohne Vertrauen aufbauen?

GEDANKENSPIEL:
LÜGEN, DIE DIE WELT VERÄNDERT HABEN

01.
Die Macht der Päpste hat mit einer Lüge begonnen: In einer gefälschten Urkunde überträgt der römische Kaiser Konstantin (280–337 n. Chr.) der katholischen Kirche die Herrschaft über Italien, Rom und die Westhälfte des Römischen Reiches.

02.
Die Protokolle der Weisen von Zion: Unbekannte Autoren veröffentlichen 1903 Dokumente über ein vermeintliches Treffen von jüdischen Weltverschwörern. Obwohl sich recht schnell herausstellt, dass die Texte frei erfunden sind und das Treffen nie stattgefunden hat, bleibt die Lüge in der Welt und nährt bis heute den Antisemitismus, den Hass auf Juden.

03.
»Niemand hat die Absicht, eine Mauer zu errichten!« Diesen Satz sagt DDR-Staatschef Walter Ulbricht (1893–1973) am 15. Juni 1961 während einer Pressekonferenz. Nur zwei Monate später ist die Berliner Mauer gebaut und wird erst wieder im Jahr 1989 geöffnet!

04.
Das Opfer einfach zum Täter erklären: 1939 behauptet Adolf Hitler (1889–1945), Polen habe Deutschland angegriffen. Es war selbstverständlich umgekehrt. Warum er das tut? Um in der Öffentlichkeit seinen illegal ausgeführten Blitzkrieg gegen Polen und andere europäische Länder zu rechtfertigen.

05.
Zwei Lügen für den Krieg: Der US-Außenminister Colin Powell behauptet 2003 vor den Vereinten Nationen, der irakische Diktator Saddam Hussein sei verantwortlich für die Anschläge von 9/11 und sei im Besitz von Bio- und Chemiewaffen. Nichts davon kann später bewiesen werden. Dennoch dienten auch diese zwei Lügen als Argumente dafür, einen Krieg gegen Afghanistan und den Irak zu beginnen.

Frag mal deine Geschichtslehrer, Eltern und Freunde! Kennen sie diese großen Lügen oder andere Lügen, die die Welt verändert haben?

So oder so ähnlich könnte man gegen das Lügen argumentieren. Der größte Kritiker der Lüge war wahrscheinlich der Philosoph Immanuel Kant (1724–1804). Für ihn hat jeder Mensch ein Recht darauf, dass andere sich ehrlich und wahrhaftig verhalten. Nicht einmal das Lügen aus einer Not heraus war aus seiner Sicht vertretbar. Darf man einem Mörder den Ort verraten, an dem sich sein Opfer aufhält? Für die meisten wäre das eine klare Entscheidung: Nein. Eine Ausnahme hiervon könnte sein, wenn der Mörder einem selbst mit dem Tod droht, man also aus Selbstschutz den Ort verrät. In der Regel sollte man aber lügen, um das Opfer zu schützen, oder nicht?

Der Philosoph Immanuel Kant hat hierzu eine andere Ansicht, denn für ihn steht das Prinzip der Wahrheit über dem Wert eines einzelnen Menschen. In Kants idealer ethischer Welt hat jeder Mensch eine Pflicht zur Ehrlichkeit, selbst in Momenten, in denen andere dadurch zu Schaden kommen. Denn wer lügt, verspielt nicht nur das Vertrauen anderer, sondern verletzt auch eine ethische Pflicht gegenüber sich selbst. Immanuel Kant hat bezüglich dieser Pflicht den kategorischen Imperativ geprägt: »Handle nur nach der Maxime, von der du willst, dass sie zu einem allgemeinen Gesetz wird.« Was bedeutet das? Es ist ein Prinzip, das einem dabei helfen soll, sich der Folgen seines eigenen Handelns bewusst zu werden. In Kants idealer Welt würde jeder Mensch einen Moment lang nachdenken, bevor er handelt. Vor jeder Handlung müsste man sich laut Kant nämlich fragen: Würde ich wollen, dass alle so handeln? Würde ich wollen, dass alle jederzeit lügen können?

02. IST LÜGEN WICHTIG FÜR DIE GEISTIGE ENTWICKLUNG?

Es gibt noch einen weiteren Grund, der zeigt, dass Kants Imperativ dem wahren Leben nicht standhält und weshalb Menschen wahrscheinlich niemals aufhören werden zu lügen. Was für Immanuel Kant gegen die moralischen Regeln der Gesellschaft verstößt, ist im Alltag nahezu normal. Im Durchschnitt lügt ein Mensch mehrmals pro Tag. Forscher behaupten sogar, dass Lügen eine Fähigkeit ist, die man erlernen kann. Eine Fähigkeit übrigens, die nicht jeder gleich gut beherrscht. Wie bei allen Fähigkeiten gilt auch hier: Früh übt sich. Im Alter von zwei bis drei Jahren beginnen Kinder zu schwindeln und zu lügen, sie lernen zu manipulieren. Das sei sogar notwendig für die geistige Entwicklung. Denn Lügen erfordert, dass man sich in andere hineinversetzt. Eine gekonnte Lüge setzt neben Intelligenz auch Empathie und Fantasie voraus. Und so verrückt das auch klingt, aber wer selbst nicht imstande ist, zu lügen, wird auch andere schlechter durchschauen und nicht erkennen, wenn man selbst belogen wird. Daher ist es unter anderem auch so wichtig, sich

mit dem Lügen auseinanderzusetzen. Erst wenn man versteht, warum man selbst lügt, kann man besser verstehen, warum und wann andere es tun. Meistens sind es keine großen Lügen, sondern es beginnt vielleicht mit der Frage »Hi, wie geht's dir?«, auf die man antwortet »Alles in Ordnung«, obwohl das gar nicht stimmt. Eine typische Alltagslüge, die sich ganz automatisch in das Leben schleicht und zur Gewohnheit werden kann. Häufig gibt es mal mehr mal weniger »gute« Gründe, aus denen man lügt: Gewohnheit, Bequemlichkeit, Höflichkeit oder Angst.

Wie oft hast du im Kindergarten und in der Grundschule gehört, wie toll und großartig das Bild ist, das du gemalt hast, obwohl es rückblickend offensichtlich nicht so gelungen war? Einverstanden, »Schön« ist relativ, aber in manchen Situationen lügt man eben einfach, um andere nicht zu verletzen. Die meisten Alltagslügen sind daher auch kleine, sogenannte weiße Lügen. Sie dienen vor allem einer Sache: unangenehme Situationen zu vermeiden und dabei anderen (und sich selbst!) ein gutes Gefühl zu geben. Sie sind also auch bequem. Wenn einem zum Beispiel der neue Pullover eines Freundes nicht gefällt, dann sagt man ihm das nicht unbedingt. Oder wenn man der Meinung ist, dass die neue Kurzhaarfrisur nicht so toll aussieht, wie erwartet, und die langen Haare vorher besser aussahen. Abgesehen davon, dass man daran in diesem Fall ohnehin nichts mehr ändern kann, ist es manchmal besser, nicht die Wahrheit zu sagen. Eine Notlüge, oder auch Höflichkeitslüge, kann uns im richtigen Moment dabei helfen, andere nicht zu verletzen. Aus Höflichkeit lügt man, wenn man einer Freundin sagt, man finde ihren neuen Freund ganz nett, obwohl man ihn überhaupt nicht ausstehen kann. Oder man macht einem Freund vor, dass man nicht zu seiner Geburtstagsfeier kommen kann, weil man krank sei. In Wirklichkeit hat man aber keine Lust oder man ist bereits mit einer anderen Person verabredet, die einem wichtiger ist. Bei solchen Höflichkeitslügen verschweigt man seine wahren Absichten, um einer unangenehmen Situation aus dem Weg zu gehen.

Allerdings kann Lügen auch sehr anstrengend sein. Man muss über seinen eigenen moralischen Schatten springen und in Kauf nehmen, dass man ein schlechtes Gewissen hat, sich schuldig oder gar schäbig fühlt. Das kann besonders schnell in engen Beziehungen vorkommen, denn hier spielt Vertrauen eine große Rolle. Betrügt man zum Beispiel seinen Partner, fühlt man sich hinterher möglicherweise schuldig. Man merkt aber, dass einem der Seitensprung nichts bedeutet, und man will nach wie vor mit seinem Partner zusammenbleiben. Nun das Dilemma: Sollte man seinem Partner davon erzählen oder sollte man ihn und seine Gefühle schützen? Wichtig ist an dieser Stelle, warum man seinen Fehltritt gesteht. Tut man es, um das eigene Gewissen zu erleichtern, und nimmt damit in Kauf, seinen Partner zu verletzen? Oder sollte man schweigen, damit sich der Partner weiterhin gut fühlt und er nicht unter dem eigenen Fehltritt leiden muss?

GEDANKENSPIEL: WARUM WERDEN GESCHICHTEN ERFUNDEN?

- zur Unterhaltung: Romane, Filme, Serien

- um Produkte zu verkaufen: Werbung, PR, Storytelling

- für eine gute Sache: erfundene Holocaust-Biografien

- um moralische Werte zu rechtfertigen: Bibel, Koran, Grundgesetz

- um Kinder nicht mit Ereignissen zu konfrontieren, die sie noch gar nicht wirklich verstehen können: brutale Kriege, Verbrechen, Katastrophen, der Tod von nahen Verwandten

- um Karriere-Chancen zu erhöhen: Lebenslauf, Qualifikationen, Doktorarbeit

- um Reportagen glaubwürdiger zu machen (zum Recherchieren: Relotius-Affäre)

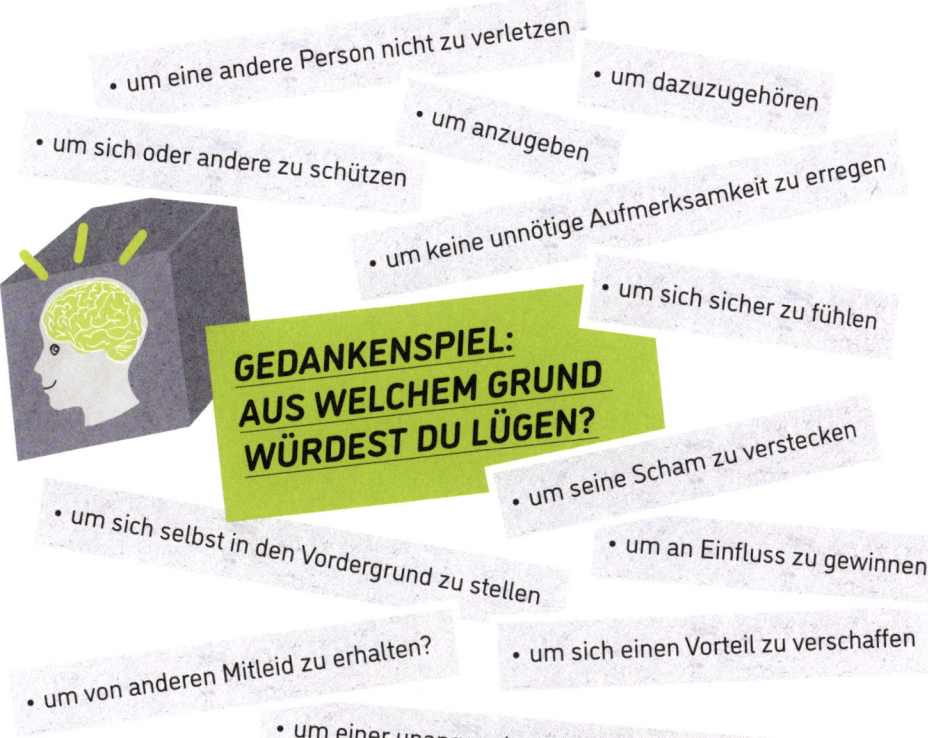

• um eine andere Person nicht zu verletzen

• um dazuzugehören

• um anzugeben

• um sich oder andere zu schützen

• um keine unnötige Aufmerksamkeit zu erregen

• um sich sicher zu fühlen

**GEDANKENSPIEL:
AUS WELCHEM GRUND
WÜRDEST DU LÜGEN?**

• um seine Scham zu verstecken

• um sich selbst in den Vordergrund zu stellen

• um an Einfluss zu gewinnen

• um von anderen Mitleid zu erhalten?

• um sich einen Vorteil zu verschaffen

• um einer unangenehmen Situation zu entkommen

Je komplexer eine Lüge ist, desto mehr Gedanken muss man sich darüber machen, ob die eigene Geschichte auch überzeugend und logisch klingt. Um das Konstrukt aufrechtzuerhalten, müssen auch die Gefühle authentisch sein. Man darf die Geschichte nicht ändern, man muss sich seine eigene Lüge also gut merken. Es braucht also viel Einsatz, um überzeugend zu lügen. Und dann die Angst: Fliegt die Lüge am Ende doch noch auf? Jemand könnte einen verraten. Oft ist schon allein die Vorstellung ziemlich unangenehm, der andere könnte herausfinden, dass man ihn angelogen hat. Vor jeder Lüge muss man sich gut überlegen, ob das Lügen selbst nicht unangenehmer ist, als einfach die Wahrheit zu sagen. Lügen ist also nicht nur eine Fähigkeit, die die geistige Entwicklung fördert. Jede Lüge setzt auch eine Entscheidung voraus: Lohnt es sich hier und jetzt wirklich zu lügen? Und verkrafte ich es psychisch, diese Lüge zu erzählen?

01.
Du wirst aufgefordert, ein Flugobjekt abzuschießen, und musst dich zwischen zwei Flugzeugen entscheiden: Das eine ist mit 100 Häftlingen besetzt, das andere mit acht erfolgreichen Wissenschaftlern. Es ist vereinbart, dass Regierung und Medien hinterher behaupten, das Flugzeug sei aufgrund eines technischen Fehlers abgestürzt. Niemand wird also erfahren, dass du für den Tod der Menschen verantwortlich bist.

Welches der beiden würdest du zum Abschuss freigeben? Wie begründest du deine Wahl?

GEDANKENSPIEL: HEILIGT DER ZWECK DIE MITTEL?

02.
Jemand erfindet Geschichten über das Leben als Gefangener im Konzentrationslager und verkauft sie als wahrhaftige Biografie. Dadurch soll ein wichtiges Thema in der Öffentlichkeit mehr Aufmerksamkeit erhalten.

Darf man Geschichten erfinden, wenn sie einem vermeintlich guten Zweck dienen? Ist eine Lüge weniger schlimm, wenn sie für eine gute Sache erfunden wurde? Können die erfundenen Geschichten für Holocaust-Überlebende dennoch verletzend sein? Und schaden erfundene Berichte dem allgemeinen Vertrauen in die Geschichte, wenn sie irgendwann später auffliegen?

03. LÜGT DIE PRESSE?
#LÜGENPRESSE

2014 war sie Unwort des Jahres: Lügenpresse. Gibt es die Lügenpresse oder ist das eine weitere Erfindung der Medien? Um es kurz zu machen: Ja, es gibt sie. Lügenpresse wurde im selben Jahr zum Unwort des Jahres erklärt, als es bei Demonstrationen und Pegida-Versammlungen lauthals auf der Straße gerufen wurde. Wer wiederum berichtete darüber? Die Medien, also genau die, die angeblich lügen würden. Was auch nicht ganz falsch ist, denn manchmal kann es wirklich vorkommen, dass eine Zeitung oder ein Journalist lügen. Das aber ist nicht das, was diejenigen meinen, die »Lügenpresse« rufen.

FEINDBILD MEDIEN

Wenn von »Lügenpresse« die Rede ist, meint das vielmehr, dass »die da oben« systematisch manipulieren und »das Volk« zu ihrem Vorteil betrügen. Nicht selten fallen auf Pegida-Demos neben Lügenpresse daher auch Parolen wie »Volksverräter« und »Merkel muss weg«. Der Begriff hat ein hohes Identifikations-Potenzial, das sich für die Mobilisierung von Anhängerinnen und Anhängern perfekt eignet: »Wir gegen die!« Nichts anderes macht übrigens Donald Trump, wenn er die Medien als »Fake News Media« bezeichnet. Dabei ist es eher ungewöhnlich, dass ein Präsident, der selbst zur politischen Elite eines Landes gehört, die vermeintliche Medienelite offensiv angreift und als Lügenpresse beschimpft.

Lügenpresse ist also keine Medienkritik im herkömmlichen Sinne. Sie verbindet pauschale Vorurteile mit politischen Zielen. Pauschal ist allein schon der Begriff Lügenpresse: Gemeint sind sehr unterschiedliche Medienhäuser, von Zeitungen über Radio- bis hin zu Fernsehstationen. Was sich hinter der Lügenpresse versteckt, ist also alles andere als einheitlich und die Verschiedenheit der einzelnen Medien wird schlicht und einfach ausgeblendet. Politisch ist der Begriff, weil die Verbreiter von »Lügenpresse« nicht nur wollen, dass die Leute an eine Verschwörung der Medien glauben. Die Menschen sollen dafür auf die Straße gehen und die politische Situation beeinflussen. Bei manchen Menschen schlägt eine kritische Sichtweise auf die Medien dadurch in politischen Aktivismus um. Sie glauben seriösen Nachrichtenquellen kein Wort mehr und orientieren sich an »alternativen« Informationsquellen, um an »ihre Wahrheit« zu kommen (vgl. hierzu auch Kapitel 3: HATEN und 4: MANIPULIEREN).

> ### WAS MIT LÜGENPRESSE NICHT GEMEINT IST:
>
> • *dass sich die Presse (die es eigentlich nur im Plural gibt) hin und wieder täuscht*
>
> • *dass eine Zeitung oder Sendung manchmal falschliegen und Fehler machen*
>
> • *dass eine Zeitung oder Sendung unbewusst und in seltenen Fällen vielleicht auch mal bewusst Lügen verbreiten*

Zahlreiche weitere Begriffe wie »Systemmedien«, »Mainstreammedien«, »Staatsfunk« und »gekaufte Journalisten« hauen in dieselbe Kerbe und wollen darauf aufmerksam machen, dass man den Medien angeblich nicht mehr trauen kann. Zwei Gründe, warum die Presse angeblich lügt, sind dabei besonders verbreitet: Entweder sollen die wichtigsten Medien durch die Politik kontrolliert werden. So behaupten zum Beispiel einige, dass die Bundeskanzlerin persönlich entscheidet, was berichtet wird. Oder es heißt, Journalisten würden von Wirtschaftsunternehmen finanziert und seien daher in ihrer Berichterstattung nicht neutral. In beiden Fällen wird den Medien also die für das demokratische Selbstverständnis so wesentliche Pressefreiheit aberkannt. Entweder sind sie von der Politik fremdgesteuert oder von der Wirtschaft gekauft. Die Vorwürfe, die daraus abgeleitet werden, lauten: Die Medien lügen und bevorzugen bestimmte politische Meinungen.

Seit 2014 erlebt der Lügenpresse-Vorwurf in Deutschland wieder ein starkes Comeback. Ob bei Pegida-Versammlungen, Anti-Merkel-Demonstrationen oder AfD-Kundgebungen – Lügenpresse ist wieder in Mode. Das Wort wird in Sprechchören gesungen und auf Plakate geschrieben. Die nicht wirklich neue Erkenntnis lautet daher: »Lügenpresse« ist auch heute wieder ein Wort, das bevorzugt in rechten Kreisen auftaucht. Ein Blick in die politischen Debatten zeigt, dass es der Begriff 2015 immerhin in den Bundestag geschafft hat. In erster Linie ist das Wort »Lügenpresse« aber ein Medienphänomen. Es wird von Demonstranten als politische Parole und Kampfbegriff eingesetzt und dementsprechend oft in den Medien gezeigt, thematisiert und geteilt. Im realen politischen Alltag des Bundestags spielt es bisher eine untergeordnete Rolle, auch wenn die Tendenz von 2015 bis 2019 leicht steigend ist. Die gute Nachricht: Es wird zwar auf Straßen öffentlich gebrüllt, ist aber bisher noch nicht als Kampfbegriff in den Bundestag vorgedrungen. Dennoch zeigt das Verhalten von Björn Höcke und der AfD eindeutig, dass sie eine feindliche Haltung und offenes Misstrauen gegenüber der Presse pflegen. Nicht zuletzt ist hier auch häufiger die Rede von »Systemmedien«. Man unterstellt den Medien, dass sie aktiv und einseitig das System stützen, indem sie Lügen verbreiten. Beweise oder Belege dafür gibt es bisher nicht. Man muss es aber nur oft genug wiederholen, damit es sich einprägt und man das Gefühl bekommt, dass da »etwas Wahres dran sein muss«. Tatsächlich ist das eine sehr beliebte Strategie von Querulanten: Sie wiederholen ihre Botschaften und Thesen so oft wie möglich, damit sie sich in die Köpfe der Menschen einbrennen. Das funktioniert sogar manchmal auch dann, wenn die genannten Thesen und Fakten falsch und frei erfunden sind (vgl. zum Thema Fake News & alternative Fakten auch Kapitel 4: MANIPULIEREN).

04. PUBLIZIEREN MEDIEN ABSICHTLICH DIE GLEICHEN INHALTE?

Ein anderer sehr verbreiteter Vorwurf gegen die Lügenpresse lautet: »Die meisten Zeitungen schreiben das Gleiche. Da kann doch etwas nicht stimmen! Die müssen sich doch abgesprochen haben! Oder zumindest arbeiten sie eng zusammen und wollen andere Meinungen ausgrenzen!«

Nicht selten kritisieren diejenigen, die »Lügenpresse« rufen, auch eine Gleichschaltung der Medien. Sie meinen damit, dass die meisten Vertreter der Presse häufig eine einheitliche Meinung vertreten. Selbstverständlich steckt hierin eine Pauschalkritik, die sich nicht beweisen lässt. Die zugrunde liegenden Thesen sind sogar äußerst unplausibel. Schaut man sich die Presse- und Medienlandschaft in Deutschland an, fällt vor allem auf, wie vielfältig sie sie ist. Es gibt Qualitätsmedien und Boulevard und dazwischen eine riesige Bandbreite an unterschiedlichen Medienhäusern und Informationskanälen. Genauso wird darin ein weites Spektrum an linken, liberalen und rechten Meinungen abgedeckt.

Journalisten sind dazu aufgefordert, sich am Grundgesetz und an den Grundrechten zu orientieren, daran könnte es liegen, dass Journalisten oftmals eine ähnliche Meinung zu einem bestimmten Thema haben. Was aber könnte daran falsch oder verlogen sein?

Wenn mit »Gleichschaltung« Nachrichten und Berichterstattung gemeint sind, kann man darin sogar ein Qualitätsmerkmal sehen. Berichten die meisten Zeitungen und Medien über die gleichen Ereignisse, dann heißt das nämlich erst einmal, dass sie nach ähnlichen Standards arbeiten und sich weitestgehend an dieselben Regeln halten. Genau das zeichnet den modernen Journalismus ja aus: dass es ähnliche Standards und Qualitätskontrollen für alle gibt. Das heißt konkret: Für alle Journalisten gilt der allgemeine Pressekodex, in dem die wichtigsten Regeln zusammengefasst sind. Dieses »Gesetzbuch für Journalisten« existiert seit 1973. Darin zusammengefasst sind zum Beispiel folgende ethische Grundsätze: Bei Berichterstattung sollen Journalisten neutral berichten und sich an Fakten orientieren. Sie sollen ihre Quellen angeben und eine ausgewogene Meinung vertreten. Außerdem muss das öffentliche Interesse immer an erster Stelle stehen. (Innerhalb der Medien gibt es natürlich Unterschiede wie Qualitätspresse und Boulevardpresse: Auch einzelne Journalisten unterscheiden sich darin, wie neutral, emotional oder meinungsstark sie berichten. Wichtig dabei ist allerdings nur das Kriterium, ob sie dabei gegen das öffentliche Interesse oder das Grundgesetz verstoßen.)

Ein anderer Grund könnte darin liegen, wie Journalisten aufgewachsen sind und an welche Werte sie glauben. So haben die meisten Journalisten studiert und während ihrer Ausbildung ähnliche Erfahrungen gemacht. Sie verfügen über ein ähnliches Wissen und eine vergleichbare Bildung. Teilen sie darüber hinaus auch noch ähnliche Werte, wäre es kein Wunder, wenn sie auch ähnliche moralische Vorstellungen besitzen. Das heißt aber noch lange nicht, dass sie sich abgesprochen oder verschworen haben. Das wäre sogar ein logischer Fehlschluss. Angemessen hingegen ist der Wunsch nach mehr Meinungsvielfalt und mehr Stimmen im Journalismus, die andere Sichtweisen und Perspektiven auf die Gesellschaft zulassen. Wie viele Journalisten stammen zum Beispiel aus Arbeiter- und Migrantenfamilien? Und wie viele kommen aus Akademiker-Familien, in denen Bildung von Anfang an einen hohen Stellenwert hatte? Sollten Journalisten nicht idealerweise aus allen Schichten und Bereichen der Gesellschaft kommen?

AUCH JOURNALISTEN MACHEN FEHLER

Sosehr man sich auch eine unabhängige und neutrale Berichterstattung wünscht: Journalisten sind auch nur Menschen, die erstens Fehler machen und zweitens keine 100% objektive Meinung erreichen können. Unabhängigkeit, Aufklärung und ausgewogene Berichterstattung sind Ideale, die niemals ganz erfüllt werden können. Manches bleibt einfach Ermessenssache, so zum Beispiel auch die Frage, wie man bestimmte Richtlinien und Vorschriften auslegt. Auch wenn es diverse Kontrollinstanzen und Qualitätskontrollen in den Redaktionen gibt, sind es immer Menschen, die dort arbeiten und Entscheidungen treffen. Und Menschen sind nun einmal alles andere als perfekt. Was übrigens nicht nur einzelne Menschen betrifft, sondern alle gesellschaftliche Gruppen. Aus der Psychologie weiß man, dass Gruppen die Meinung Einzelner beeinflussen. Ein Beispiel: In einer Gruppe finden viele, dass man morgens ein Butterbrot und einen Apfel essen sollte. Wenn genügend Teilnehmer daran glauben, wird sich in der Gruppe die Einstellung durchsetzen, dass ein Butterbrot und ein Apfel das ideale Frühstück sind. Psychologen sprechen dabei auch von einer indirekten Übernahme von Überzeugungen. Angeblich reicht es schon, wenn mindestens 25 Prozent der Mitglieder einer Gruppe neue Regeln durchsetzen wollen, damit die Mehrheit diese übernimmt. Psychologen sprechen hierbei auch von einem Umschlagspunkt (engl. tipping point). Darüber hinaus herrscht in jeder Gruppe ein mehr oder weniger starker Anpassungsdruck. Besonders für Meinungen und Überzeugungen gilt: Unbewusst oder bewusst passt man sich an die Standpunkte an, die in einer Gruppe vorherrschen. Die Übernahme und die Anpassung führen dazu, dass sich Informationen und Überzeugungen schnell verbreiten, und zwar unabhängig davon, ob sie richtig oder falsch sind. Besonders gut lässt sich dieses Verhalten in Foren und Gruppen sozialer Netzwerke beobachten.

Bezogen auf die Journalisten bedeutet das dann wiederum nicht, dass alle anderen Meinungen absichtlich ausgegrenzt oder ausgeschlossen werden, nur weil die Mehrheit eine bestimmte Überzeugung teilt. Ähnliches gibt es doch in fast allen Berufen. Auch Journalisten sind zunächst eine Berufsgruppe, die an bestimmte Werte glauben und bestimmte Überzeugungen teilen. Das sollte man bei aller Kritik und Verurteilung nicht vergessen. Es gibt keine geheimen Mächte,

die Journalisten beeinflussen oder geheime Treffen, an denen sich Journalisten und Medienmacher absprechen. Es herrscht auch kein Zwang, eine bestimmte Moral zu vertreten oder eine bestimmte Meinung zu ethischen Themen zu äußern.

KAPITEL 02
PROVOZIEREN

01. KANN JEDER PROVOZIEREN?
- **Gedankenspiel:** Warum provoziert man andere?

02. WAS HEISST »TABU«?
- **Gedankenspiel:** Sind Tabus anerzogen?

03. WARUM SIND TABUBRÜCHE IN DEN MEDIEN SO BELIEBT?

04. WIE LÖST MAN EINEN SKANDAL AUS?
- 1. Gezielte Provokation mit Unsinn in der Kunst.
- 2. Gezielte Provokation mit Leichen im öffentlichen Raum.
- 3. Leiden, Lieben und Kunst: Provozieren wie Frida Kahlo.
- 4. Provozieren mit Pauschalkritik an einer Partei.
- 5. Provozieren mit einer Revolution ohne Gewalt.
- **Gedankenspiel:** Warum idealisieren wir andere Menschen?
- **Gedankenspiel:** Wann Provokationen und Streit nicht produktiv sind … Was passiert, wenn man sich provozieren lässt?

05. LEBEN WIR IN EINER MEINUNGSDIKTATUR?

• Gedankenspiel: Sollte eine Meinung auf Fakten beruhen oder auf persönlicher Erfahrung?

06. IST MEINUNGSFREIHEIT ABSOLUT?

• Gedankenspiel: Muss man alles tolerieren?

07. SOLL SPRACHE DIE VERÄNDERUNGEN DER GESELLSCHAFT KORREKT WIEDERGEBEN?

• Müssen die Rechte von Minderheiten besonders geschützt werden?

• Rassismus im Alltag?

• Contra: Politische Korrektheit ist ausgrenzend, elitär und moralisierend

• Pro: Politische Korrektheit sorgt für mehr Sichtbarkeit von Minderheiten

• Gedankenspiel: Darf man in den Medien die Herkunft von Straftätern nennen?

• Gedankenspiel: »Woher kommst du?«

01. KANN JEDER PROVOZIEREN?

Von der älteren Schwester gleich nach dem Aufstehen einen Spruch kassiert. In der Pause ausgelacht, weil man einen Witz nicht verstanden hat. Und beim Vorlesen in der Klasse von der Lehrerin schon wieder streng angeschaut worden ... Ein gemeiner Spruch, eine peinliche Situation und manchmal auch nur ein falscher Blick, und schon fühlt man sich provoziert. Umgekehrt ist es natürlich genauso: Schon ein einziger Blick kann das Gegenüber provozieren. Und manchmal macht es auch richtig Spaß, andere zur Weißglut zu bringen. Vor allem wenn es sich um die eigenen Eltern oder Lehrer handelt. Psychologen sprechen hierbei auch von der »Lust am Provozieren«. Dabei müssen Provokationen nicht immer negativ oder fies gemeint sein. In manchen Fällen können sie auch ein Zeichen von versteckter Zuneigung sein oder der Wunsch nach Kontakt.

Eine Provokation kann auch größere Ausmaße annehmen und man kann sogar mehr oder weniger ungewollt einen Skandal verursachen und dafür aus der Nationalmannschaft fliegen: Als der Profi-Fußballer und deutsche Nationalspieler Stefan Effenberg 1994 während eines Weltmeisterschaftsspiels gegen Südkorea von deutschen Fans ausgepfiffen wurde, zeigte er ihnen den Mittelfinger. Das Absurde an dieser Geschichte: Nur wenige im Stadion hatten überhaupt etwas davon mitbekommen. Weder Fotografen noch Kameramänner hielten den Moment fest. Nicht ein einziges Foto existiert von der Szene (heute undenkbar!). Trotzdem ging ein Foto vom lachenden Effenberg mit dem sogenannten »Stinkefinger« um die Welt. Die Provokation sitzt, und das, obwohl das Motiv zu einem anderen Zeitpunkt aufgenommen wurde. Vor allem der DFB-Präsident Egidius Braun schlug Alarm: Fußballspieler haben eine Vorbildfunktion, und wer sich in der Öffentlichkeit obszöne Provokationen leistet, könne nicht in der Nationalmannschaft bleiben. Der Bundestrainer Berti Vogts schloss sich ihm an und als Konsequenz flog Stefan Effenberg aus der Nationalmannschaft.

Auch im Alltag kann allein der ausgestreckte Mittelfinger ausreichen, um jemanden aufs Äußerste zu provozieren. Er ist ein unmissverständliches Zeichen mit beleidigender Bedeutung und provozierender Wirkung. Gegenüber Polizisten und anderen Beamten zählt der »Stinkefinger« sogar als offizielle Straftat. Sie läuft unter »Beamtenbeleidigung« und kann bis zu 4.000 Euro kosten. Für »Zunge herausstrecken« sieht der Bußgeldkatalog hingegen nur 150 Euro vor, für »Einen Vogel zeigen« muss man mit ungefähr 750 Euro rechnen. Die Beleidigungen »Idiot« und »Am liebsten würde ich jetzt Arschloch zu dir sagen« liegen zwischen 1.500 und 1.600 Euro, »Schlampe« bei 1.900 Euro und »Alte Sau« bei circa 2.500 Euro (Alle Zahlen stammen aus unterschiedlichen Gerichtsurteilen: Das zu zahlende Bußgeld kann im Einzelfall von der genannten Summe abweichen und richtet sich nach dem Verdienst des Betroffenen – nicht des Straftäters!). Der »Stinkefinger« kann aber auch weniger heftige Wirkung erzielen. 2013 hat sich der SPD-Politiker Peer Steinbrück mit dem ausgestreckten Mittelfinger auf dem SZ-Magazin präsentiert. Zu dem Zeitpunkt trat er gerade als Kanzler-Kandidat gegen Angela Merkel an. Sein PR-Berater hatte ihm explizit davon abgeraten. Warum er es trotzdem getan hat? Er wollte damit seinen Kritikern zeigen, was er von ihnen hält. Wir wissen heute, dass Peer Steinbrück nicht Bundeskanzler geworden ist, aber allein am Finger dürfte es nicht gelegen haben. Dieses Beispiel verdeutlicht aber sehr gut, was 20 Jahre Unterschied ausmachen. Während Stefan Effenberg seinen Posten als Fußballnationalspieler aufgeben musste, konnte Peer Steinbrück weiterhin kandidieren.

Provokationen dieser Art gehören zu einer bestimmten Sorte von Tabus. Es sind Dinge, die gesellschaftlich verpönt sind, »die man einfach nicht tut«, wie der Volksmund so schön sagt. Kommen wir vom oben genannten Mittelfinger zum Beispiel zur Esskultur. Würdest du eine lebende Fledermaus essen? Wahrscheinlich nicht, es sei denn, du wärst aus unerfindlichen Gründen Kandidat im Dschungelcamp oder würdest auf der Bühne eines Heavy-Metal-Konzerts eine Stoffmit einer echten Fledermaus verwechseln (Kein Scherz: 1982 biss der Rockmusiker Ozzy Osbourne bei einem Konzert einer lebenden Fledermaus beinahe den Kopf ab, weil er dachte, sie sei aus Plüsch). In der Regel gilt: In Europa isst man keine Fledermäuse. Essgewohnheiten sind ein gutes Beispiel dafür, wie Tabus ganz konkret den Alltag beeinflussen. In Deutschland wäre es tabu, eine Katze zu essen oder Freunde zum Abendessen einzuladen und ihnen dann »gedünstete Kakerlake« anzubieten. Genauso wenig wie Ratten gehören diese Tiere auf den Speiseplan. Was gegessen wird und was nicht, ist häufig auch von der Religion abhängig. Weil die Kuh als heilig gilt, essen die Menschen in einigen Regionen Indiens kein Rindfleisch (wie viele Rituale einer Kultur befindet sich auch dieses im Wandel!). Bei Juden und Moslems hingegen ist es üblich, Rinder zu schlachten und zu verspeisen. Für sie ist Schweinefleisch tabu, weil es als schmutzig gilt. Je nach Land und Esskultur kann also schon das falsche Gericht provozieren.

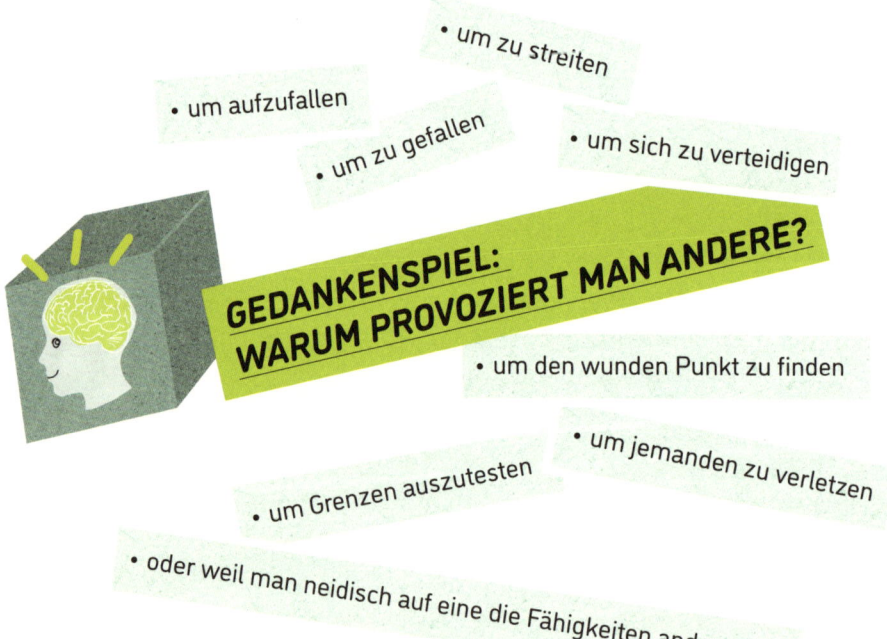

• um zu streiten

• um aufzufallen

• um zu gefallen

• um sich zu verteidigen

GEDANKENSPIEL:
WARUM PROVOZIERT MAN ANDERE?

• um den wunden Punkt zu finden

• um jemanden zu verletzen

• um Grenzen auszutesten

• oder weil man neidisch auf eine die Fähigkeiten anderer ist?

02. WAS HEISST »TABU«?

Der Begriff »Tabu« stammt aus dem Polynesischen und bezeichnete ursprünglich etwas Unantastbares, etwas Heiliges. Galt jemand oder etwas als heilig, musste das von der gesamten Gemeinschaft respektiert und angenommen werden. Es gab dafür Verbote, Sitten, Rituale und Bräuche. So durften manche Gegenstände oder Personen zum Beispiel nicht berührt oder angesehen werden.

Der Psychoanalytiker Sigmund Freud (1856–1939) war überzeugt davon, dass die Gebote der sogenannten Urmenschen die Vorläufer unserer modernen Moral sind. Tabus haben dazu geführt, dass in Urgesellschaften (vor etwa 100.000 bis 200.000 Jahren) überhaupt erst einmal Vorschriften und moralische Gebote entstanden sind. Sigmund Freud sah im Tabu deshalb auch ein universelles Ordnungsprinzip. Auf dieser Basis war überhaupt erst ein Zusammenleben von Menschen möglich.

Ein Beispiel für ein solches uraltes Ordnungsprinzip ist das Inzestverbot. Sprich, dass man mit blutsverwandten Familienmitgliedern keinen Geschlechtsverkehr haben und keine Kinder zeugen darf. Das war auch in Urgesellschaften schon tabu. Was für uns heute selbstverständlich ist, musste in früheren Zeiten aber erst einmal erlernt werden.

Auch wenn Tabus sehr persönlich und intim sind, ist es typisch für sie, dass sie bestimmte Gefühle auslösen. Häufig handelt es sich dabei um negative Gefühle, beispielsweise um Angst, Scham, Schuld, Ablehnung oder Ekel. Dadurch entsteht wiederum eine Abwehrhaltung, die vor allem dem Selbsterhalt dient. Besonders Tabuthemen wie Körperhygiene, Sexualität oder Sterben und Tod können diese Gefühle auslösen.

Folgt man der psychoanalytischen Theorie von Freud, bewirken Tabuthemen allerdings auch das genaue Gegenteil von Ablehnung: Sie üben eine faszinierende Anziehungskraft aus und ziehen Interesse und Aufmerksamkeit auf sich. Denn hinter der Abwehrhaltung können versteckte Wünsche, Fantasien und Bedürfnisse stehen. Bei vielen Tabus liegen Ekel und Faszination, Lust und Verbot, Nähe und Distanz sehr eng beieinander. Man spricht hierbei auch vom Reiz des Verbotenen. Durch diese Gegensätze entsteht eine Spannung in der Gefühlswelt des Menschen. Man fühlt sich gleichzeitig angezogen und abgestoßen. Der Sinn und Zweck, etwas zum Tabu zu erklären, ist, diese Spannung aufzulösen. Die Logik dahinter ist relativ einfach: Schadet ein Bedürfnis dem Zusammenleben, muss es eingeschränkt und kontrolliert werden. Ursprünglich diente das Tabu also dazu, die innere Spannung zu kontrollieren und dem Verbotenen den Reiz zu nehmen.

Für Freud gibt es zwei wesentliche Dinge, die am Beginn der menschlichen Kultur stehen und die in jeder Gesellschaft eingeschränkt und kontrolliert werden müssen: Sexualität und Gewalt. Auch Urgesellschaften waren immer wieder damit konfrontiert: Wie verhindert und unterbindet man Sexualität zwischen blutsverwandten Menschen? Wie kann man unterschiedliche Formen von Gewalt bis hin zum Mord in einer Gemeinschaft einschränken und kontrollieren?

In modernen Gesellschaften reicht es nicht aus, Gewalt und Sexualität einfach nur zu tabuisieren. Tabus brauchen konkrete Regeln, ansonsten sind sie wirkungslos. Eine der ältesten Maßnahmen in Urgesellschaften bestand darin, die Tabubrecher auszuschließen, sei es durch Verbannung oder Tötung. Wenn heute Tabugrenzen überschritten werden, drohen zwar nicht mehr unbedingt eine Gefängnisstrafe oder der Tod. Häufig wird man aber sozial bestraft, indem einem beispielsweise der Job gekündigt oder man aus der Familie verstoßen wird. Auch in modernen Gesellschaften zeichnen sich Tabus durch die Angst aus, man könne von den anderen ausgeschlossen werden. Diese Angst hat allerdings auch einen positiven Nutzen. Sie führt nämlich dazu, dass sich Menschen an Regeln halten und Kompromisse eingehen.

Ein aktuelles Beispiel für ein gesellschaftliches Tabuthema ist der sexuelle Missbrauch von Kindern. Während es in der griechischen Antike vor rund 2.500 Jahren akzeptiert war, dass Männer mit minderjährigen Jungen sexuellen Kontakt hatten, hat die Gesellschaft mittlerweile erkannt, dass diese Art von Sex junge Menschen in ihrer Entwicklung erheblich schädigen und traumatisieren kann (und nur weil es mal akzeptiert wurde, heißt das noch lange nicht, dass es auch in Ordnung war!). Daher hat sich auch die Gesetzgebung über die Jahre geändert: Sexuelle Handlungen mit Minderjährigen sind unbedingt strafbar. Weil man es hier mit Sexualität und Gewalt gegenüber Minderjährigen zu tun hat, spricht man auch von sexuellem Missbrauch oder sexualisierter Gewalt. Weil vor allem minderjährige Opfer aus Angst und Scham nicht über ihre Missbrauchserfahrungen sprechen, hat die Bundesregierung 2012 ein spezielles Programm ins Leben gerufen. Mit dem Motto »Trau dich!« sollen Kinder und Jugendliche über ihre Rechte aufgeklärt und dazu ermutigt werden, Grenzüberschreitungen zu erkennen. Statt mit ihren Ängsten und ihrer Scham allein dazustehen, sollen sie mit Informationen gestärkt werden. Denn viele Kinder und Jugendliche kennen nicht einmal ihre Rechte und wissen auch nicht, wo sie Hilfe finden.

Oft ist in diesem Zusammenhang auch die Rede von Pädophilie (das Wort stammt aus dem Altgriechischen und bedeutet in etwas »Liebe zum Kind/Knaben«). Hier muss man aber einen Unterschied machen, der vielen nicht klar ist: Pädophilie ist als psychische Krankheit anerkannt und dementsprechend nicht strafbar, das Ausleben pädophiler Neigungen natürlich schon. Wer seinen Neigungen nicht nachgeht, hat also nichts zu befürchten. Häufig wird aber zwischen Pädophilie als sexueller Neigung und Ausleben dieser Neigung gar nicht unterschieden. Man wirft beides in den gleichen Topf und tabuisiert Pädophilie dort, wo der sexuelle Missbrauch von Kindern das Tabu sein sollte. Das führt dazu, dass es für die Betroffenen noch schwieriger ist, sich die Neigung einzugestehen und professionelle Hilfe zu suchen.

Sexueller Missbrauch von Kindern ist vielleicht eines der wichtigsten Tabus unserer Zeit. Würde ein Erwachsener öffentlich zugeben, dass er Sex mit Drei- bis Sechsjährigen hat, wäre der Aufschrei, der Unglaube und der dieser Person entgegenkommende Hass enorm! Inzest, Mord und sexueller Missbrauch sind extreme Tabus, weil sie gleichzeitig Verbrechen sind. Zu Recht.

MEHR INFORMATIONEN ZUR INITIATIVE GEGEN SEXUELLEN MISSBRAUCH FINDEST DU HIER:

- *www.bzga.de/programme-und-aktivitaeten/ praevention-von-sexuellem-missbrauch/*

- *www.trau-dich.de/deine-rechte/*

GEDANKENSPIEL: SIND TABUS ANERZOGEN?

Tabus werden nicht nur durch die Kultur und Gesellschaft geprägt, in der man aufwächst. Sie wirken schon im Kleineren; innerhalb der Familie und durch die Erziehung.

Wird man nach bestimmten religiösen Vorstellungen erzogen?

Ist der Tod ein Thema?

Werden Bedürfnisse offen kommuniziert und thematisiert?

Wie wird mit dem Körper und Körperpflege umgegangen?

Zeigt man sich in der Familie nackt voreinander?

Wie frei und offen wird über Sexualität gesprochen?

03. WARUM SIND TABUBRÜCHE IN DEN MEDIEN SO BELIEBT?

Hast du dich auch schon mal gefragt, warum in der Gesellschaft so viel Wind um Skandale gemacht wird? Natürlich geht es dabei in erster Linie um Unterhaltung. Und um Sensationsneugier gepaart mit Voyeurismus. Der Kulturwissenschaftler Georg Franck meint, jeder Mensch sei von zwei wesentlichen Bedürfnissen angetrieben: sehen und gesehen werden oder auch Klatsch und Tratsch. Sind beide Bedürfnisse stark ausgeprägt, entwickeln manche Personen ein großes Interesse daran, dass über sie gesprochen wird. Im Zweifelsfall vermarktet man dann jedes noch so belanglose Detail aus seinem Privatleben. Hauptsache, die Inszenierung stimmt und die Leute reden! Man kann hierbei auch von einem Kreislauf der Aufmerksamkeit sprechen. Die einen verwenden ihre Aufmerksamkeit dafür, dass sie über andere sprechen. Die anderen verdienen Aufmerksamkeit damit, dass über sie gesprochen wird.

Es ist also kein Wunder, dass Skandale in den Medien so gut funktionieren. Denn mit ihnen werden verschiedene Bedürfnisse von vielen unterschiedlichen Gruppen befriedigt. Die einen stehen im Fokus der Aufmerksamkeit, die anderen können darüber reden. Und die Medien machen gerne mit, weil auch sie davon profitieren. Denn Medien und Öffentlichkeit sind immer wieder auf kurzfristige Sensationsmeldungen angewiesen, um Schlagzeilen und Klicks zu generieren. Skandale sind daher häufig eine Win-win-Situation für alle Beteiligten. In den digitalen Medien greift ein Prinzip, das bereits in klassischen Print-Medien immer wieder erfolgreich war. Es lässt sich mit folgendem Slogan zusammenfassen: Good news is bad news!

Auch dieser Punkt hat etwas mit der Aufmerksamkeitsökonomie zu tun. Journalisten wissen um die Attraktivität von schlechten Nachrichten. Je erschreckender und schlimmer eine Nachricht ist, desto besser verkauft sie sich. Auch in der Psychologie ist dieses Phänomen längst bekannt: Negative Emotionen sind wie ein Aufmerksamkeitsmagnet. Positive Nachrichten und Erfolgsgeschichten sind nur halb so interessant. Nachrichten über Katastrophen werden sich immer besser verkaufen als sogenannte »Good News«. Alles, was uns wütend macht und empört, zieht uns auf magische Weise an. Wobei das mit echter Magie natürlich nichts zu tun hat, sondern mit etwas, das Forscher »Negativitätsbias« nennen.

Zur Erklärung: In früheren Zeiten waren unsere Überlebenschancen schlicht und einfach höher, wenn man hinter einem Baum nicht nur Kaninchen und Früchte, sondern Raubtiere und andere Gefahren erwartete. Die menschlichen Gehirne sind also auf Gefahr und Katastrophen gepolt. Damit lässt sich auch erklären, warum Angst für das Überleben unserer Vorfahren so wichtig war. Denn lieber einmal zu viel Gefahr gewittert als einmal zu wenig. In diesem Sinne hatte Angst früher eine schützende Funktion (das hat sie auch heute noch, aber im weniger überlebenswichtigen Maße). Sie sollte uns vor tödlichen Gefahren und Raubtieren bewahren. Angst zahlt sich also im wahrsten Sinne des Wortes aus. Nicht nur für unser Überleben, sondern auch für die Medien – und für Politiker:

Wer negative Emotionen erzeugt, ist nicht nur im Gespräch und wird wahrgenommen. Daraus lässt sich finanzielles und öffentlichkeitswirksames Kapital schlagen. Was allerdings ein paar schlechte Nebenwirkungen haben kann. Viele Medien betreiben sogenanntes Clickbaiting. »To bait« bedeutet in diesem Falle »ködern:« Um möglichst viele Leser und Klicks zu erreichen, werden die Headlines und Artikel so reißerisch und schmutzig wie möglich formuliert. Wie zum Beispiel: »In den 90er-Jahren war sie eine der großen Kinder-Serienstars. Dann landete sie im Pornomilieu.« Oder: »11 erschreckende Fakten übers Nägelkauen, die du kennen solltest – bei Nummer 8 wirst du weinen!« Oder: »Das sagte sein Vater zum ›schwulen‹ Spielzeug seines Sohnes.« Clickbaiting soll starke Emotionen und Reaktionen auslösen. Ähnlich wie Tabubrüche und Skandale hat Clickbaiting vor allem ein Ziel: Es soll provozieren. Zum Klicken.

04. WIE LÖST MAN EINEN SKANDAL AUS?

Ob in Literatur, Kunst, Politik oder Werbung, gerne und oft wird auf strategische Provokation gesetzt. Mit etwas Glück wird diese Provokation dann von den Medien aufgegriffen und verbreitet. Bei besonders drastischen Provokationen muss man allerdings auch mit Gegenwind und Kritik rechnen (z. B. einen Shitstorm). Ein verlässliches Mittel, um zu provozieren, ist das bewusste Spiel mit Tabus. Alles muss so aussehen, als hätte man ein Tabu gebrochen. Der gezielte Tabubruch soll aber nicht nur provozieren, er dient vor allem dazu, Aufmerksamkeit zu erzeugen. Und dazu gehört auch, dass andere sich lauthals empören über das, was man gesagt oder getan hat. Je mehr Menschen sich empören und je heftiger die Reaktionen ausfallen, desto wahrscheinlicher ist es, dass es ein Skandal wird.

Auch die Faszination für den Tabubruch kommt nicht von irgendwoher. In letzter Konsequenz ist ein Tabu ohne den Tabubruch gar nicht denkbar. Verbote und Regeln sind in dem Wissen aufgestellt worden, dass sich manche nicht daran halten werden. Der französische Philosoph Georges Bataille (1897–1962) meinte sogar, dass Menschen eine Lust an der Überschreitung von Grenzen empfinden. Er vertritt damit eine ähnliche Meinung wie Sigmund Freud. Die Notwendigkeit von Tabus und moralischen Regeln entsteht erst durch die irrationale Gefühlswelt des Menschen. Angst, Ekel, Ablehnung, versteckte Fantasien und heimliche Faszination sind Voraussetzung für Tabus. Erst die Lust am Regelbruch bringt eine Gesellschaft dazu, bestimmte Tabus zu prägen und Verbote aufzustellen.

Georges Bataille hat übrigens selbst viel über Tabuthemen wie Sexualität, Einsamkeit und Tod geschrieben und damit immer wieder provoziert. Nicht weniger provokativ und radikal ist seine These zum gewollten Tabubruch: Die bewusste Überschreitung von Verboten ist für Bataille ein grundlegender Antrieb des Menschen.

Tabubrecher machen sich die Logik der Medien und das Interesse an Skandalen zu eigen und setzen auf den gezielten Tabubruch. Sie wollen zunächst einmal auffallen und provozieren, haben aber meist auch sachliche Anliegen. Im Folgenden werden nun sechs Strategien für gezielte Tabubrüche aus Kunst, Literatur, Politik und Wissenschaft vorgestellt.

1. GEZIELTE PROVOKATION MIT UNSINN IN DER KUNST.

Gründe zusammen mit anderen eine eigene Kunstbewegung! Zunächst denkt man sich einen verrückten Namen aus und erfindet dazu eine skurrile Geschichte, wie der Name entstanden ist. Auf gar keinen Fall zugeben, dass man bestimmte Absichten verfolgt. Es muss so klingen, als sei alles purer Zufall gewesen. Trotzdem muss das Ziel der Kunstbewegung natürlich sein, die Kunst zu revolutionieren. Man will alles komplett neu und anders machen. Eine Regel muss man allerdings immer beachten: Bitte niemals das eigene Konzept definieren. Die Konzeptlosigkeit ist quasi das Konzept, mit dem man alle anderen provozieren und zu unkonventionellem Denken anregen will! Notfalls muss jemand aus der Gruppe auch mal mit nacktem Hintern auf der Bühne tanzen oder man beschimpft das Publikum nach allen Regeln der Kunst. Hauptsache, man erhält Reaktionen und provoziert!

So machten es die Dadaisten 1916 in Zürich. Während des Ersten Weltkriegs versammelte sich eine Gruppe internationaler Künstler und rief eine neue Kunstbewegung namens »dada« aus. Die Konzeptlosigkeit steckte schon im Namen: Dada ist Französisch und bedeutet »Steckenpferd«. Trotzdem ist der Begriff letztlich bedeutungslos. Angeblich blätterte man in einem Wörterbuch und stieß dabei zufällig auf »dada«. Was wie Unsinn klingt, wurde zu einer internationalen künstlerischen Bewegung in New York, Hannover, Berlin, Zürich, Köln und Paris. Immer wieder weigerten sich die Dadaisten, zu definieren, was »dada« eigentlich ist. Sie provozierten nicht nur mit ihren Gedichten, Textcollagen und Performances. Im Zürcher Cabaret Voltaire konnte es schon mal vorkommen, dass jemand – wie oben empfohlen – mit nacktem Hintern auf der Bühne tanzte oder das Publikum beschimpfte, in dem Versuch, das Publikum aus der Reserve zu locken. In der Provokation sahen die Dadaisten ein künstlerisches Prinzip!

2. GEZIELTE PROVOKATION MIT LEICHEN
IM ÖFFENTLICHEN RAUM.

Wage dich an ein Tabuthema, das wirklich tief in den Moralvorstellungen der Gesellschaft verwurzelt ist. Zum Beispiel der Tod! Dafür nimmt man am besten Körper von verstorbenen Menschen, färbt sie ein und macht daraus eine Kunstausstellung. Bedingung ist natürlich, dass die Menschen zu Lebzeiten eingewilligt haben, dass ihre Körper später ausgestellt werden. Trotz dieser Einschränkung ist kaum etwas so sehr tabuisiert (und verboten!) wie das öffentliche Ausstellen von Leichen. Aber warum sollte man nicht über das Sterben reden und Einblicke in echte Körper gewähren? Machen Mediziner nicht genau das, wenn sie Leichen untersuchen?

Ähnliches muss sich wohl der Anatom Gunther von Hagens gedacht haben, als er 1994 die internationale Wanderausstellung Körperwelten nach Deutschland brachte. Bis heute sorgen die ausgestellten Leichen für viel Kritik, hitzige Diskussionen und Ekel. Es wurden auch mehrere Gerichtsverfahren gegen die Ausstellung angestrengt, weil der Verdacht bestand, der Künstler habe Leichen illegal aus dem Ausland besorgt. Der Fall Körperwelten ist also auch deshalb so umstritten, weil DER SPIEGEL und DER TAGESSPIEGEL berichteten, der Künstler habe unter anderem Leichen von Unfallopfern und psychisch Kranken verwendet. Sprich, ohne vorherige Einwilligung der Verstorbenen. Außerdem verdiene er mit dem internationalen Leichenhandel eine Menge Geld. Laut Presseberichten hat Gunther von Hagens aus dem An- und Verkauf von Leichen ein Millionengeschäft gemacht (Der illegale Aspekt würde aus diesem Fall mehr als eine Provokation machen.).

Letztlich wird hier aber auch eine moralische Frage berührt. Gehen wir an dieser Stelle von einer Ausstellung aus, in der nur legal beschaffene Leichen ausgestellt werden: Sind die »Ausstellungsstücke« denn überhaupt noch Leichen oder sind es nicht vielmehr Kuns(stoff)figuren in Menschenform? Handelt es sich dabei um Aufklärung oder um moralische Provokation? Ist der Bildungsfaktor nur vorgeschoben? Dient die Wissenschaft hier als Vorwand, um ein gesellschaftliches Tabu zu brechen und um Geld zu verdienen?

Dass moralische Provokation auf jeden Fall eine Rolle spielt, zeigt eine Neuauflage der Ausstellung. Darin wollte Gunther von Hagens zwei Menschen ausstellen, die gerade Sex haben. Schwebendes Paar hieß das Kunstwerk, das aber bei der Eröffnung verhüllt bleiben musste, ansonsten hätte das Museum die Ausstellung abgesagt. Auch hier meinten viele Kritiker, dass es in den Körperwelten weniger um Kunst und Aufklärung ginge als um gezielte Provokation und um ethischen Tabubruch. Und zwar ohne Mehrwert für Bildung und Wissenschaft. Könntest du dir vorstellen, deinen Körper für die Ausstellung bereitzustellen? Und würdest du die Ausstellung aufsuchen, wenn einer deiner Verwandten oder Bekannten unter den Ausstellungsstücken wäre?

3. LEIDEN, LIEBEN UND KUNST: PROVOZIEREN WIE FRIDA KAHLO.

Lebe ein unkonventionelles Leben und trotze den Schicksalsschlägen, die das Leben für dich bereithält! Bleibe dir selbst und deiner Kunst treu! Verliere niemals deine Lebensfreude! Oder mit anderen Worten: Mach es wie die mexikanische Künstlerin Frida Kahlo (1907–1957). Als Tochter eines deutschen Fotografen und einer analphabetischen Hausfrau wurde sie am 06. Juli 1907 in Mexiko-Stadt geboren. Dort war ihr Leben von Kindheit an von Schicksalsschlägen geprägt. Im Alter von 6 Jahren erkrankte sie an Kinderlähmung. Doch Frida ließ sich nicht unterkriegen. Sie trieb viel Sport, ging schwimmen und fuhr Fahrrad. Im Alter von 18 Jahren, am 17. September 1925, erlitt Frida ein schweres Busunglück, bei dem ihr Becken von einer Stahlstange durchbohrt wurde. Wieder kämpfte Frida und erlernte nach ihrer Genesung mit Mühe wieder das Laufen. Dennoch musste sie einen großen Teil ihres Lebens im Ganzkörpergips oder in einem Stahlkorsett verbringen: Bis zu ihrem Lebensende im Jahr 1954 wurde sie wegen der schweren Brüche und Verletzungen über 32-mal operiert. Während dieser Zeit entstanden ihre berühmten Selbstporträts und zahlreiche Bilder, in denen sie ihre körperlichen und seelischen Schmerzen verarbeitete. Tief verwurzelt in der indianischen Mythologie ihrer mexikanischen Heimat, benutzte sie hierfür eine sehr bunte und oftmals surreale Bildsprache. Mit Erfolg: Ihr Selbstporträt *The Frame* ist das erste Werk eines mexikanischen Künstlers, das vom berühmten Museum Louvre in Paris erworben wurde!

Auch Fridas Liebesleben ist durch viele Brüche und Dramen gekennzeichnet. Sie verliebte sich in den 20 Jahre älteren mexikanischen Künstler Diego Rivera (1886–1957), der vor allem für seine politisch-revolutionären Wandbilder bekannt war. 1929 heirateten die beiden, ließen sich aber nach 10 Jahren Ehe wieder scheiden, weil Diego eine Affäre mit Fridas Schwester Cristina hatte. Ein Jahr später im Jahr 1940 heirateten sie ein zweites Mal. Zwar wurde sie auch in ihrer zweiten Ehe immer wieder von Diego betrogen, aber sie selbst hatte auch Liebhaberinnen und Liebhaber (unter anderem Lenins ehemaligen Gefährten und Stalins Todfeind Leo Trotzki (1879–1940), den das Künstlerpaar mutig bei sich versteckte, der aber dennoch unter ihrem Dach getötet wurde). Neben ihren körperlichen Schmerzen verarbeitete Frida Kahlo in ihren Werken all die Gefühle und Erfahrungen, die sie in ihrer Beziehung erlebte: Wut und Trauer über seine Untreue, aber auch Leidenschaft und Liebe.

Fridas Kunst hat internationale Bekanntheit erlangt und ihre

Werke wurden von der mexikanischen Regierung als »nationales Kulturgut« eingestuft – ihre Kunstwerke sind berühmter als die ihres Ehemannes. Bis heute ist sie weltweit ein Vorbild und gilt als emanzipierte Frau, die sich von den Konventionen der Gesellschaft befreit hat. Denn sie hat all das gemacht, was ansonsten eher Männern zustand: Angeblich trank sie (zu) viel Alkohol, erzählte mit Vorliebe versaute Witze und machte weder aus ihrem Glück noch aus ihrem Unglück ein Geheimnis. Mit ihrem provokanten Verhalten und mit ihren provokativen Bildern forderte sie die gesellschaftlichen Konventionen ihrer Zeit heraus. Daher spielt Frida Kahlo nicht nur in der Kunst eine bedeutende Rolle, sondern sie gilt als wichtiges Vorbild der Frauenbewegung.

Wahrscheinlich trägt auch ihr dramatisches Ende dazu bei, dass sie zu einem Mythos wurde: Die letzten drei Lebensjahre verbrachte sie im Rollstuhl und im Jahr 1953 wurde ihr rechter Unterschenkel amputiert. Sie rauchte viel und nahm Drogen, um sich kurzfristig Erleichterung von ihren Schmerzen zu verschaffen. Am 13. Juli 1954 starb sie an einer Lungenentzündung.

4. PROVOZIEREN MIT PAUSCHALKRITIK AN EINER PARTEI.

Kreiere ein Video mit der Überschrift Die Zerstörung der CDU und veröffentliche es bei YouTube! Allein der Begriff »Zerstörung« wird Aufmerksamkeit auf sich ziehen. Nicht zuletzt deshalb, weil er die bewussten und unbewussten Zerstörungsfantasien anderer Menschen anspricht. Um so richtig zu polarisieren, muss man in dem Video einige der größten deutschen Volksparteien ausgiebig beschimpfen. Offensive Kritik, Ironie und Spott sind die wichtigsten Zutaten für diese Provokation. Man muss den Volksparteien vorwerfen, dass sie die Schere zwischen Arm und Reich vergrößern, den Klimawandel vorantreiben und die kriegerischen Auseinandersetzungen der USA unhinterfragt gutheißen und unterstützen.

All das tat der damals 26-jährige YouTuber Rezo, der mit seinem Video Die Zerstörung der CDU innerhalb weniger Tage über 10 Millionen Klicks erreichte. Seine Kritik an den großen Parteien CDU, CSU, SPD, AfD und FDP untermauerte Rezo mit einem 13-seitigen Quellenverzeichnis. Das sorgfältige Einstreuen von Fakten, Quellenangaben und Zitaten ist wesentlich für den Erfolg der Provokation. Denn damit wird die Kritik für jeden und für jede nachvollziehbar. Und wahrscheinlich werden sich die meisten ohnehin nicht die Mühe machen, die Angaben zu überprüfen. Besonders pikant und provokativ war der Zeitpunkt des Videos, weil es kurz vor der Europawahl viral ging. Auf diese Weise wurde viel negative Aufmerksamkeit auf die CDU und andere Volksparteien gelenkt. Gleichzeitig rückte die Europawahl selbst in das Zentrum der öffentlichen Diskussion. Am Ende gab Rezo eine klare Wahlempfehlung für Bündnis 90/ Die Grünen und Die Linke ab. Auch das ist wichtig, wenn man provozieren will: Man muss auf jeden Fall klar Partei ergreifen und eine Meinung vertreten. Auch wenn man in fünfundfünfzig Minuten nur eine einseitige und oberflächliche Sicht auf die Dinge liefern kann, hat Rezo es mit seinem Video trotzdem zweierlei geschafft: Er hat eine ernst zu nehmende Kritik geliefert und gezeigt, dass auch junge Menschen eine politische Diskussion entfachen können.

5. PROVOZIEREN MIT EINER REVOLUTION OHNE GEWALT.

Werde Anführer*in einer politischen Bewegung und setze eine gewaltfreie Revolution in Gang! Der Widerstand muss unter allen Umständen ohne Waffen sein, denn sobald man selbst Gewalt anwendet, verspielt man die Chance auf legitimen Protest. Die Provokation beginnt also damit, dass man immer wieder zu gewaltlosem Widerstand aufruft und jede Form von Gewalt ablehnt. Man protestiert für oder gegen eine Sache und macht notfalls sogar einen Sitz- und Hungerstreik. Das heißt, man verweigert so lange die Nahrungsaufnahme, bis die gestellten Forderungen gehört und ernst genommen werden. Mit seinen Sitz- und Hungerstreiks ist der Inder Mahatma Gandhi (1869–1948) weltweit zu der Symbolfigur des Friedens und der Freiheit des 20. Jahrhunderts geworden. Seine gewaltfreien Proteste waren maßgeblich daran beteiligt, dass Indien 1947 unabhängig wurde. Im 18. Jahrhundert wurde Indien von den Engländern kolonialisiert und gehörte seitdem zum britischen Königreich. Gandhi wird vor allem für zwei Errungenschaften gefeiert und verehrt. In jungen Jahren kämpft er in Südafrika gegen Rassismus und setzt sich für die Gleichberechtigung der dort lebenden Inder*innen ein. Danach engagiert er sich für die politische Unabhängigkeit und Befreiung Indiens aus der britischen Kolonialherrschaft. Noch immer lächelt er mit seiner kreisrunden Brille von allen (ja, allen) indischen Banknoten.

Allerdings zeigt gerade sein Fall, wie eng Verehrung und Verblendung beieinander liegen können. Denn immer wieder gibt es Berichte über Gandhis dunkle Seiten. In Südafrika ist er nicht gegen jede Form von Rassismus, sondern er setzt sich nur gegen Diskriminierung seiner eigenen Landsleute ein. Es gibt Hinweise dafür, dass ihm die Rechte der Farbigen und die scharfe Rassentrennung von Schwarz und Weiß möglicherweise gar nicht so wichtig waren. Außerdem sprach er vergewaltigten Frauen die Menschenrechte ab. Aus seiner Sicht galten sie nicht mehr als Menschen. Dies ist auch aus heutiger Sicht interessant, da indische Frauen bis heute kaum Rechte (in Indien) genießen. Die Vergewaltigung von Frauen wird dort beispielsweise nicht immer und systematisch strafrechtlich verfolgt. Insofern steht auch Mahatma Gandhi für eine frauenfeindliche Tendenz in der indischen Kultur. Trotz dieser Widersprüche ist kaum jemand so sehr zur Ikone des gewaltfreien Widerstands geworden wie er. Auch wenn das Bild von der Ikone hier und da bröckelt, gilt er meist immer noch als der große Befreier Indiens. Im Nachhinein kann man an Gandhi sehr gut sehen, wie schnell die Verehrung einer Symbolfigur in Verblendung umschlagen kann. Man ist so sehr auf das Gute und Perfekte fokussiert, dass man die schlechten und dunklen Seiten eines Menschen leicht übersieht, sie vielleicht gar nicht sehen will. Man nimmt dann nur noch die idealisierte Version dieser Person wahr.

GEDANKENSPIEL: WARUM IDEALISIEREN WIR ANDERE MENSCHEN?

- weil wir sehr viel Respekt vor ihnen haben
- weil sie etwas besonders gut können
- weil sie älter oder jünger sind als man selbst
- weil sie Stars oder Ikonen sind
- weil sie eine besondere Autorität ausstrahlen
- weil man in sie verliebt ist
- weil man es so gelernt und nie infrage gestellt hat
- weil Staat, Religion oder Gesellschaft es erwarten

GEDANKENSPIEL: WANN PROVOKATIONEN UND STREIT NICHT PRODUKTIV SIND ...

Was passiert, wenn man sich provozieren lässt?

- man verlässt die sachliche Ebene
- Pauschale Entrüstung und wütende Zurück-weisung sind nachvollziehbare Impulse, wirken aber wenig souverän und überzeugend
- Empörung, Wut und andere emotionale Abwehrreaktionen verhindern weiteren Austausch
- Wichtige Argumente und Ansichten werden dann noch weniger ernst genommen
- Im besten Falle lässt man sich gar nicht erst auf die Provokation ein und widersteht der vom Provokateur gewünschten Reaktion

05. LEBEN WIR IN EINER MEINUNGSDIKTATUR?

Auch das Verhältnis zu den Medien bietet sich als Strategie an, um sich als Tabubrecher zu inszenieren. Obwohl jedes Buch von Thilo Sarrazin zum Bestseller wurde und seine Thesen bis heute kontrovers diskutiert werden, behauptet er, in den deutschen Medien gebe es eine Zensur. Über den öffentlichen Rundfunk sagte er in einem Interview: »Der Staatsrundfunk ist völlig beherrscht von einer sehr einseitigen Sicht auf Fragen wie Einwanderung, Bildung, Demografie und übt knallhart Zensur aus.« Die Strategie dahinter ist ziemlich einfach: Indem man Zensur unterstellt, lenkt man von den eigenen Fehlern und Widersprüchen ab. Außerdem wertet man den eigenen Inhalt auf. Denn was zensiert wird, muss doch besonders bedeutungsvoll und vielleicht sogar gefährlich sein! So zumindest könnte man es vermuten: Während alle anderen schlafen, gibt es einen, der die unbequeme Wahrheit endlich aufdeckt und verbreitet!

Zwar distanziert sich Sarrazin von dem Begriff »Lügenpresse«, aber im Grunde meint er hier etwas Ähnliches. Sein Vorwurf betrifft nämlich das Tabu der Zensur! In einem freiheitlichen demokratischen Verfassungsstaat ist es nämlich tabu, dass der Staat in die Pressefreiheit eingreift und Meinungen zensiert. Schaut man sich die Vergangenheit an, ist die Angst vor Zensur sogar berechtigt. Denn in allen totalitären Systemen wurde zensiert, ob im Kommunismus (z. B. in der Ex-DDR) oder im Nationalsozialismus im Dritten Reich. Tatsächlich ist Zensur ein typisches Anzeichen dafür, dass man in einer Diktatur lebt. Weil in einer Demokratie Meinungsfreiheit gilt, ist jede Form von Zensur ein empfindliches Tabuthema. Es ist also kein Wunder, wenn Autoren wie Sarrazin bewusst damit spielen und damit einen Tabubruch inszenieren. Sein Spiel ist genauso einfach zu durchschauen wie die Strategie dahinter: Zunächst inszeniert man sich selbst als Tabubrecher, der die Wahrheit über Einwanderung, Bildung und Demografie herausgefunden hat. Danach wirft man der Presse vor, sie zensiere diese Wahrheit und verstoße gegen die Meinungsfreiheit. Wenn knallharte Zensur ausgeübt wird, ist man nicht mehr weit weg von einer »Meinungsdiktatur«. Wer so etwas behauptet, ist auf Skandal und Konfrontation aus.

In genau diesem Sinne spricht Thilo Sarrazin nämlich von einem »feuilletonistisch-ideologischen Mainstream« in den deutschen Medien. Mit seiner Mainstream-These nährt er die Angst und den Verdacht, die deutsche Presse werde von sogenannten Mainstream-Journalisten manipuliert. Mit »Staatsrundfunk« meint Sarrazin zwar in erster Linie die öffentlich-rechtlichen Medien. Sein »Mainstream-Vorwurf« richtet sich aber ähnlich wie »Lügenpresse« an alle Medien, die das System unterstützen und stützen. Passend dazu wird in rechten Kreisen daher auch sehr abfällig von »Systemmedien« oder »Mainstreammedien« gesprochen. Sarrazin nährt also den Verdacht, die Medien seien gleichgeschaltet und verträten deshalb eine einheitliche Meinung (vgl. hierzu auch Kapitel 1: LÜGEN).

Aus der Perspektive einiger konservativer und rechtsextremer Medienkritiker betrifft dies vor allem die politische Meinung von Journalisten, die sie als »linksgrün« oder »linksgrüne Ideologie« bezeichnen. Hinter dem »Mainstream-Vorwurf« steht also letztlich auch der Kampf zwischen unterschiedlichen politischen Überzeugungen.

Schon seit Längerem wird beklagt, dass die These von den System- und Mainstream-Medien vom rechten Rand in die Mitte gewandert sei. Schaut man sich speziell die Entwicklung von 2008 bis 2019 in Deutschland an, kann man feststellen: Rechte Thesen sind wieder salonfähig geworden. Dies wurde unter anderem auch von Thilo Sarrazin vorangetrieben, der als Mitglied einer großen Volkspartei auch aus der Mitte der Gesellschaft stammt. Am 31. Juli 2020 wurde Sarrazin nun aus der SPD ausgeschlossen.

GEDANKENSPIEL: SOLLTE EINE MEINUNG AUF FAKTEN BERUHEN ODER AUF PERSÖNLICHER ERFAHRUNG?

In seinem Buch Deutschland schafft sich ab beruft sich Thilo Sarrazin auf zahlreiche Statistiken und Fakten zur demografischen Entwicklung. Als Beleg für mangelndes Bildungs- und Integrationsinteresse von Migranten gibt er seine privaten Opernbesuche an. Er habe dort in den letzten Jahrzehnten keine Migranten gesehen, daher gehe er davon aus, dass sie kein Interesse an Kultur und Bildung haben.

Selbst wenn der persönliche Eindruck stimmt, ist er deshalb auch allgemeingültig und wahr?

Wie wichtig sind persönliche Erfahrungen für die Bildung einer eigenen Meinung?

Kann man sich eine Meinung allein auf der Basis von Fakten und Statistik bilden?

Gehört es zur Meinungsfreiheit, subjektive Erfahrungen zu verallgemeinern?

Ist Sarrazin ein Verteidiger der Meinungsfreiheit, der einfach unbequeme Meinungen ausspricht?

Wie viel subjektive Meinung darf ein wissenschaftliches Buch enthalten?

Sind die gefährlichsten Meinungen solche, die man irgendwo aufgeschnappt hat und einfach übernimmt, ohne sie jemals überprüft oder hinterfragt zu haben?

06. IST MEINUNGSFREIHEIT ABSOLUT?

Soll in einer Demokratie jeder die Meinung vertreten, die er für richtig hält? Und wenn man der Meinung ist, die Demokratie solle abgeschafft und durch eine Diktatur ersetzt werden? Ist das eine legitime Meinung? Ist Meinungsfreiheit absolut oder hat sie Grenzen?

Kaum etwas in der Politik funktioniert so sehr nach dem Prinzip der Skandalisierung und der Inszenierung von Tabubrüchen wie die Meinungsfreiheit. Denn tatsächlich klingt Meinungsfreiheit erst einmal danach, als wäre sie absolut. Eine Meinung ist zunächst einmal jede wertende Stellungnahme, und zwar unabhängig davon, ob sie richtig oder falsch ist. Daher gibt es theoretisch auch unendlich viele Meinungen, über die man sich streiten kann. Dem gegenüber gibt es Tatsachenbehauptungen. Diese sind nur geschützt, wenn sich Meinungen mit ihnen vermischen. Ansonsten sind Tatsachenbehauptungen entweder richtig oder falsch, im Gegensatz zu Meinungsäußerungen, die prinzipiell erst einmal grundsätzlich frei und per Grundgesetz geschützt sind. Solange man nicht zu einer Straftat aufruft oder anderweitig gegen das Gesetz verstößt, hat jeder Bürger in demokratischen Verfassungsstaaten wie Deutschland das Recht, zu denken und zu sagen, was er will.

Presse- und Meinungsfreiheit sind Ideen aus dem Zeitalter der Aufklärung und stammen in etwa aus dem 18. Jahrhundert. Davor galten sie entweder gar nicht oder nur sehr eingeschränkt. Aufklärerische Impulse wie die Französische Revolution brachten die Aufklärung und die Rationalisierung von Gesellschaft und Kultur voran: 1789 wurde die Meinungsfreiheit offiziell in die französische Erklärung der allgemeinen Menschen- und Bürgerrechte aufgenommen. Allerdings erst in den darauffolgenden demokratischen Staatsverfassungen in Europa und USA wurden Presse- und Meinungsfreiheit auch Grundlage des Zusammenlebens. Was in den heutigen Demokratien selbstverständlich erscheint, musste sich im Laufe der letzten Jahrhunderte in ganz Europa erkämpft werden. Dass wirklich für alle Bürger und Menschen eines Staates das gleiche Recht auf Meinungsfreiheit gilt, ist tatsächlich eine relativ junge Entwicklung. In der Bundesrepublik Deutschland wird die Meinungsfreiheit seit 1949 durch das Grundgesetz (Artikel 5) garantiert.

Der englische Philosoph John Stuart Mill (1806 – 1873) war einer der größten Verteidiger und Verfechter der Meinungsfreiheit. In seinen Augen ist die Meinungsfreiheit die wichtigste aller Freiheiten. In seinem bekanntesten Werk, *Über die Freiheit* (1859), nannte er hierfür vier Argumente:

1. Man kann nie mit absoluter Sicherheit sagen, ob eine Meinung falsch oder richtig ist. Erstens kann man sich immer irren und zweitens kann jede Meinung falsch oder richtig sein.

2. Selbst wenn eine Meinung im Grunde genommen falsch ist, kann in ihr trotzdem ein Funke Wahrheit stecken. Insofern kann auch eine falsche Meinung nützlich für die Wahrheitssuche sein. Mill meinte sogar, dass keine Meinung die vollständige Wahrheit einfangen kann und daher jede Meinung durch andere ergänzt werden müsse.

3. Es ist wichtig, sich mit anderen Meinungen auseinanderzusetzen. Man soll sich mit den Gegenargumenten beschäftigen und immer wieder überprüfen, ob die eigene Meinung nicht doch widerlegt werden kann. Wenn man eine Meinung vertritt, soll man also wissen, warum man sie vertritt. Man muss also begründen können, warum sie wahr ist!

4. Jede Meinung muss immer wieder hinterfragt und diskutiert werden, damit alle wissen, warum sie wahr ist. Meinungen sollen nicht einfach nur übernommen werden, sondern man soll öffentlich Argumente dafür und dagegen sammeln, um sich immer wieder aus eigener Erfahrung zu vergewissern, dass man die richtigen Entscheidungen trifft.

Für John Stuart Mill ist es Teil der Demokratie, dass ihre Bürger permanent darüber streiten, was richtig ist. Trotzdem sieht auch Mill die heiklen Punkte und Probleme in einer Demokratie. Vor allem leide die demokratische Gesellschaft daran, dass sie die Freiheit für zu selbstverständlich nehmen würde. Was jedoch zur Gewohnheit wird, also »gewöhnlich«, sinkt in der allgemeinen Wertschätzung. Die größte Gefahr sah Mill jedoch in einer »Tyrannei der Mehrheit«: dass sich eine Mehrheit, obgleich sie demokratisch ist, über Minderheiten hinwegsetzen und diese sogar unterdrücken könnte. Immer wieder warnte er davor, dass die öffentliche Meinung in Hass und Gewalt umkippen kann. Daher lehnt er auch alle Formen von reiner oder direkter Demokratie ab. Damit eben nicht eine – zumeist noch ungebildete – Mehrheit entscheidet, braucht es gewählte Abgeordnete und Repräsentanten, die gemeinsam darüber streiten und abwägen, was die beste Entscheidung für alle ist. Außerdem sind es für Mill häufig Minderheiten und einzelne Köpfe, die Innovation vorantreiben und die gesellschaftliche Entwicklung fördern.

Der friedliche Fortbestand einer demokratischen Gesellschaft hängt daher von folgenden Fragen ab: Wie gehen wir damit um, dass Meinung keine absolute Wahrheit kennt, dass jeder auf seine Weise recht hat? Und wie können wir andersartige Meinungen zulassen und annehmen, ohne sich gegenseitig (mit Gewalt) zu bekämpfen oder zu unterdrücken?

Tatsächlich ist der Begriff »Meinungsfreiheit« irreführend und wird häufig idealisiert. Denn es gibt keine absolute Freiheit! Grenzenlose Freiheit existiert nicht, weil Freiheit immer Grenzen hat! Beim öffentlichen Kampf um Meinungsfreiheit geht es nämlich nicht nur darum, dass man alles sagen darf. Eigentlich geht es vor allen Dingen darum, was man nicht darf. Es geht um die Grenzen der Meinungsfreiheit. In den Grenzen und Grenzüberschreitungen steckt daher auch das größte Konfliktpotenzial.

Verbindlich ist zunächst, was im Grundgesetz steht, dass näm- lich in Deutschland die freie Meinungsäußerung gilt. Jedoch mit ein paar kleinen Einschränkungen. Die Meinungsfreiheit darf aus zwei Gründen begrenzt werden: zum Schutz der Jugend und zum Schutz der Ehre von Personen. Das sind natürlich zwei sehr vage und weit gefasste Formulierungen. Im Einzelfall muss letztlich ein Gericht da- rüber entscheiden, wie dieser Schutz zu verstehen ist. Zum Schutz der Jugend gibt es ein eigenes Jugendschutzgesetz. Darin ist zum Bei- spiel festgelegt, inwiefern Filme mit der Darstellung von Gewalt oder pornografischen Inhalten angeboten werden dürfen. Daneben gibt es klare Regeln zum Bewerben von Alkohol und anderen Drogen. Darüber hinaus finden sich dort aber auch Vorschriften zur Frage, inwieweit man extremistische und verfassungsfeindliche Positionen verbreiten darf (vgl. hierzu Kapitel 4: HATEN).

Auch bei Personen gelten Grenzen der Meinungsfreiheit. Zum Beispiel darf man andere nicht verleumden. Wer gezielt Lügen oder geschäftsschädigende Gerüchte über andere in die Welt setzt, kann wegen Rufmord und Verleumdung angezeigt werden. Man darf auch nicht gegen andere hetzen, sei es aufgrund ihrer Hautfarbe, Herkunft, Sexualität, Religion oder anderer Merkmale. Besonders für Journa- listen und Berichterstattungen in den Medien ist dieser Punkt eine Herausforderung. Der allgemeine Pressecodex schreibt nämlich vor, dass Minderheiten in der medialen Darstellung nicht diskriminiert werden dürfen. Journalisten müssen also darauf achten, dass sie bei der Nennung bestimmter Details (wie z. B. Herkunft, Hautfarbe) keine Vorurteile gegenüber Minderheiten schüren. Dafür müssen sie ent- scheiden, welche Informationen für das öffentliche Interesse wichtig und relevant sind – und welche nicht. Hier gilt für Journalisten also eine besondere Regel und Verantwortung mit einem großen Hang zur Brisanz.

Für alle Menschen in einer Demokratie gilt: Meinungsfreiheit be- deutet, dass man sich frei äußern darf. Was wiederum nicht heißt, dass man keine Kritik für das bekommt, was man öffentlich behauptet und sagt. Im Gegenteil: In einer Gesellschaft, in der das freie Wort gilt, darf alles, jeder und jede öffentlich kritisiert werden. Auch auf Kritik darf man wieder mit Gegenkritik reagieren und so weiter und so fort. Aus diesem potenziell unendlichen Teufelskreis ergeben sich manchmal absurde Streitsituationen.

Das Recht auf freie Meinung und Kritik führt zum Beispiel dazu, dass viele mit großer Hingabe kritisieren, aber nur die wenigsten wollen kritisiert werden. Zur Meinungsfreiheit gehört jedoch beides; man muss austeilen und auch einstecken können. Das erst entscheidet darüber, ob man es wirklich gelernt hat, mit anderen Meinungen umzugehen. Die hohe Kunst der Toleranz meint nämlich nicht, dass man alles akzeptiert und gut findet. Man muss aber nicht einer Meinung sein, um eine andere Meinung als legitim akzeptieren zu können. Gerade in politischen Diskussionen geht es aber häufig mehr um Skandalisierung und darum, gehört zu werden. Wird man kritisiert, ist es eine beliebte Strategie, andere anzugreifen, ohne auch nur ansatzweise auf die Kritik einzugehen. Stattdessen startet man einen Gegenangriff. Letztlich lenkt man damit aber nur von der Kritik und der Sache ab, um die es eigentlich geht.

Eine andere sehr beliebte Ablenkungsstrategie besteht darin, die Art und Weise der Rhetorik des Gegenübers zu bemängeln. Der Streit um Meinungsfreiheit kreist daher auch immer wieder um die Frage, wie man etwas sagt. Natürlich darf man sagen, dass man Kinder und Tiere für minderwertige Wesen mit unterentwickelten geistigen Fähigkeiten hält. Behauptet jemand so etwas, könnte man eine sachliche Diskussion anfangen und fragen, was genau mit »minderwertig« und »geistig unterentwickelt« gemeint sei. Statt das zu tun, wird aber häufig entgegnet, dass man Kinder und Tiere so gar nicht vergleichen dürfe, weil Kinder menschliche Lebewesen seien und keine Tiere. Kritisiert wird dann vor allem das »Wie« der Aussage und nicht das »Was«. Abgesehen davon beinhaltet das Recht auf Meinungsfreiheit nicht, dass man Kinder und Tiere deswegen diskriminieren, beleidigen oder ausgrenzen darf.

GEDANKENSPIEL: MUSS MAN ALLES TOLERIEREN?

An dieser Frage scheiden sich tatsächlich bis heute die Geister. Muss man jede Art von Intoleranz bekämpfen oder kann man sie zulassen? Muss man gegen Hass und Hetze besonders stark vorgehen oder fallen auch sie unter das Recht zur Meinungsfreiheit? Schon die Meinungen der beiden Philosophen Bertrand Russell (1872–1970) und Karl Popper (1902–1994) hätten unterschiedlicher kaum ausfallen können. Frei nach dem Motto: Zwei Philosophen, zwei Meinungen!

• In der New York Times veröffentlichte der Mathematiker und Philosoph Bertrand Russell, der sich übrigens an der Philosophie John Stuart Mills orientierte, seine zehn Gebote eines Liberalen unter dem Titel: *Die beste Antwort auf Fanatiker: Liberalismus*. Davon lautet das sechste: »Unterdrücke nie mit Gewalt Überzeugungen, die du für verderblich hältst, sonst unterdrücken diese Überzeugungen dich.« Das war 1951.

• Im Gegensatz dazu behauptete Karl Popper in seinem Hauptwerk *Die offene Gesellschaft und ihre Feinde* (1945), ebenfalls ein Werk, das den Liberalismus feiert, dass uneingeschränkte Toleranz letztlich dazu führe, dass Toleranz verschwinde. Seine These: Man darf Intoleranz nicht in jedem Fall mit Toleranz begegnen. Woran aber erkennt man Intoleranz, die man nicht mehr tolerieren darf? Popper gab hierfür klare Kriterien an: 1. wenn jede Diskussion auf rationaler Ebene verweigert, und 2. die Anwendung von Gewalt propagiert wird. Treffen beide Kriterien auf einen Menschen oder eine Gruppe zu, sollte man ihre Rechte – notfalls mit Gewalt – einschränken.

Wer hat deiner Meinung nach Recht? Darf man Meinungen und Überzeugungen mit Gewalt unter keinen Umständen einschränken oder sogar verbieten, oder ist das im Gegenteil manchmal nötig? Und falls ja, unter welchen Umständen?

07. SOLL SPRACHE DIE VERÄNDERUNGEN DER GESELLSCHAFT KORREKT WIEDERGEBEN?

Wahrscheinlich würde niemand bezweifeln, dass sich Gesellschaft verändert. Gilt nicht das Gleiche auch für die Sprache? Auch sie ist nichts Naturgegebenes, das für alle Zeiten feststeht. Sprachwissenschaftler und Linguisten wissen, dass Sprache ein System ist, das aus künstlichen Zeichen und Regeln besteht. Im Mittelalter haben die Menschen ein anderes Deutsch gesprochen, als wir es heute tun. Seit ein paar Jahren gibt es immer wieder Diskussionen darüber, ob man in die Sprache aktiv eingreifen soll, um bestimmten Entwicklungen gerecht zu werden. Einige Wissenschaftler, Aktivisten, Politiker und Verlage traten etwa dafür ein, das Wort »Negerkönig« aus *Pippi Langstrumpf* zu streichen und durch »Südseekönig« zu ersetzen. Ebenso hat sich in der deutschen Sprache weitestgehend die Ansicht durchgesetzt, dass man nicht mehr »Negerkuss« sagt, sondern »Schoko«- oder »Schaumkuss«.

Wie war noch mal das korrekte Wort für »Ausländer«? Hast du dich auch schon mal gefragt, ob es nun Flüchtlinge, Geflüchtete, Menschen mit Migrationshintergrund oder Menschen mit Zuwanderungsgeschichte heißt? Oder warst du dir schon mal unsicher, ob man besser Studenten, StudentInnen, Student_innen, Student*innen oder Studierende schreibt?

Dann befindest du dich mitten in einer Debatte um die politisch korrekte Sprache. »Politische Korrektheit« oder kurz »PC« heißt das Schlagwort, das ursprünglich aus den USA kommt und seit den 90er-Jahren auch verstärkt in Deutschland diskutiert wird. Die einen meinen, Sprache solle auf die Veränderungen in der Gesellschaft reagieren und diese korrekt wiedergeben. Beim Sprechen gehe es um gelebte Empathie und Akzeptanz gegenüber Minderheiten. Und wer kann das schon abstreiten, dass es bei der Wortwahl immer auch um den richtigen Ton und um Respekt gegenüber seinem Gesprächspartner geht?

Die Kritiker behaupten, durch politische Korrektheit würden anderen bestimmte moralische Maßstäbe aufgedrückt. PC sei ein Mittel der Bevormundung, das dem Prinzip der Meinungsfreiheit widerspreche. Politische Korrektheit diene daher vor allem dazu, Denk- und Sprechverbote aufzustellen. Für sie ist PC die herrschende Ideologie unserer Zeit.

MÜSSEN DIE RECHTE VON MINDERHEITEN BESONDERS GESCHÜTZT WERDEN?

In der Geschichte Europas bilden Presse- und Meinungsfreiheit eine Einheit, sie gehören unweigerlich zusammen. Schon der Philosoph John Stuart Mill machte auf den besonderen Zusammenhang zwischen Presse- und Meinungsfreiheit aufmerksam. Je freier die Presse in einem Land ist, desto mehr muss die Regierung auch die Rechte von Personen schützen. Denn wenn jeder seine Meinung äußern und veröffentlichen darf, muss man auch verhindern können, dass falsche Meinungen, Unwahrheiten und Gerüchte verbreitet werden. Eine größtmögliche Meinungsfreiheit setzt daher in einer Demokratie den größtmöglichen Schutz von Personenrechten voraus. Dazu zählen vor allem die Rechte von Minderheiten, seien es Menschen mit Behinderung, Menschen mit Zuwanderungsgeschichte oder der LGBTQI*-Community. Weil Minderheiten immer wieder Gefahr laufen, diskriminiert zu werden, muss eine Gesellschaft darauf achten, die existierenden Vorurteile nicht noch zu verstärken.

RASSISMUS IM ALLTAG?

Über Rassismus im Alltag wird viel gesprochen und geschrieben. Dabei ist es häufig gar nicht so einfach zu sagen, was genau ein rassistisches Verhalten oder eine rassistische Aussage ist. Auch wenn die allgemeine Definition ziemlich einfach klingt: Rassistisch verhält sich, wer Menschen aufgrund ihrer Hautfarbe oder ethnischen Herkunft herabwürdigt, abwertet oder benachteiligt. Rassismus kann bis zu physischer Gewalt und körperlichen Angriffen gehen.

In der Regel zieht sich Diskriminierung aber durch die gesamte Gesellschaft: Diskriminierte Menschen mit einer anderen ethnischen Herkunft oder Hautfarbe sind häufig weniger sichtbar, haben weniger Bildungs- und Erfolgschancen und man traut ihnen im Durchschnitt weniger zu. Eine Ursache von Rassismus sind unter anderem gesellschaftliche Vorurteile und persönliche Vorbehalte. Auch Ängste, zum Beispiel die Angst vor dem Fremden, führen zu Abwehr und Ausgrenzung von Minderheiten.

CONTRA:

POLITISCHE KORREKTHEIT IST AUSGRENZEND, ELITÄR UND MORALISIEREND

Natürlich kann es irritieren und verunsichern, wenn man nicht mehr weiß, wie man sich ausdrücken darf oder soll, ohne gesellschaftliche Grenzen zu überschreiten. Vor allem Schriftsteller, Journalisten und schreibende Künstler aller Art sind mit diesem Problem konfrontiert. Soll man sich wirklich vorschreiben lassen, wie man seine Geschichte erzählt und welche Worte man dafür benutzt? Darf man anderen Menschen vorschreiben, wie sie sich ausdrücken sollen? Wer ständig das Gefühl hat, auf politisch korrekte Ausdrucksweise achten zu müssen, fühlt sich möglicherweise in seiner Rhetorik beschnitten und eingeschränkt. Nicht nur der Umgang mit Minderheiten wird dadurch unnötig verkrampft. Sprache wird so außerdem zu einer moralischen Agenda. Das zumindest ist ein entscheidendes Argument gegen politische Korrektheit: Wenn man Sprache aus moralischen Gründen verändern muss, wäre politische Korrektheit in der Folge nicht ausgrenzend und außerdem elitär, weil sie letztlich von einer kleinen Bildungselite ausgeht?

Der französische Soziologe Pierre Bourdieu (1930–2002) meinte, im Sprechen spiegele sich die soziale Ungleichheit der Gesellschaft wider. Durch den Akt des Sprechens würden soziale Unterschiede sogar immer wieder neu formuliert und soziale Ungleichheit letztlich fortgeführt. Außerdem war Bourdieu davon überzeugt, dass jeder Mensch ein Gefühl dafür habe, in bestimmten Situationen »das Richtige« zu sagen. Dieses Gefühl kommt jedoch nicht aus dem Nichts. Es ist nicht einfach nur angeboren, sondern hängt auch von dem Milieu ab, in dem man aufwächst. Daher ist es zum Beispiel unfair, von allen Menschen zu erwarten, das Wort »Ausländer« nicht mehr zu benutzen. Woher soll man wissen, dass diese Wortwahl nicht angebracht ist, wenn man es im eigenen Umfeld anders erlebt hat? Toleranz und korrekte Sprache sind erlernbar. Man muss dafür bestimmte Erfahrungen machen und lernen dürfen. Das Ideal der politischen Korrektheit grenzt so beispielsweise Menschen aus, die in ihrem Umfeld nie die Chance bekommen haben, Toleranz und korrekte Sprache gegenüber Minderheiten zu lernen.

Und apropos Toleranz: Wer PC kritisiert, ist nicht gleich rassistisch, intolerant oder diskriminierend gegenüber anderen.

PRO:

POLITISCHE KORREKTHEIT SORGT FÜR MEHR SICHTBARKEIT VON MINDERHEITEN

Politisch korrekte Sprache ist kein Mittel zur Unterdrückung. Ganz im Gegenteil: Wer »Student*innen« sagt, erkennt an, dass es weibliche, männliche und diverse Menschen gibt, die sich nicht als Mann oder Frau identifizieren. Die korrekte Ansprache führt dazu, dass zum Beispiel Frauen nicht mehr sprachlich unterdrückt und ausgeblendet werden. Wie sollte das der Meinungsfreiheit widersprechen?

Wer nicht mehr »Ausländer« sagt, sondern »Menschen mit Zuwanderungsgeschichte«, sorgt dafür, dass Minderheiten mit einer anderen Herkunft nicht mehr sprachlich unterdrückt oder herabgewürdigt werden. Bei politisch korrekter Sprache geht es letztlich um das Verhältnis der Gesellschaft zu ihren Minderheiten. Wollen wir ihnen sprachlich mit Respekt begegnen oder wollen wir sie diskriminieren? Wer auf seine Wortwahl achtet, drückt nicht anderen seine Moral auf, sondern will vermeiden, dass Minderheiten beleidigt und beschimpft werden. Würde sich das nicht jeder und jede als Grundrecht wünschen? Respekt und Empathie gehören doch zu fast jeder Gesprächssituation dazu. Warum sollte man nicht schon bei der richtigen Wortwahl darauf achten? Die meisten tun das doch ohnehin automatisch, auch wenn man manchmal Fehler macht oder das richtige Wort nicht kennt.

Politische korrekte Sprache ist also letztlich ein Mittel gegen Unterdrückung, nicht um andere zu zensieren. Außerdem kann man die negativen Aspekte der politischen Korrektheit durchaus kritisch sehen und trotzdem der Meinung sein, dass Minderheiten nicht diskriminiert werden sollen. Schließlich handelt es sich dabei um ein Grundrecht.

Im Alltag müssen sich Journalist*innen regelmäßig folgende Fragen stellen:

Darf man bei der Berichterstattung über Verbrechen die Herkunft der Täters nennen, wenn es sich um eine ethnische Minderheit handelt?

Oder werden dadurch Vorurteile gegenüber diesen Minderheiten geschürt und bestätigt?

GEDANKENSPIEL:
DARF MAN IN DEN MEDIEN DIE HERKUNFT VON STRAFTÄTERN NENNEN?

Während selbstverständlich ist, den Namen nicht zu nennen, gibt es über die Herkunft der Täter immer wieder kontroverse Diskussionen. Im Wortlaut heißt es dazu im deutschen Pressekodex: »In der Berichterstattung über Straftaten ist darauf zu achten, dass die Erwähnung der Zugehörigkeit der Verdächtigen oder Täter zu ethnischen, religiösen oder anderen Minderheiten nicht zu einer diskriminierenden Verallgemeinerung individuellen Fehlverhaltens führt. Die Zugehörigkeit soll in der Regel nicht erwähnt werden, es sei denn, es besteht ein begründetes öffentliches Interesse. Besonders ist zu beachten, dass die Erwähnung Vorurteile gegenüber Minderheiten schüren könnte.«

Die entscheidende Frage lautet also: Wann besteht ein begründetes öffentliches Interesse daran, die Herkunft des Täters zu kennen?

GEDANKENSPIEL: »WOHER KOMMST DU?«

Darf man andere Menschen aufgrund ihrer Hautfarbe, ihres Aussehens oder ihres Akzents nach der Herkunft fragen? Oder hast du selbst eine dunklere Hautfarbe als die Durchschnittsdeutsche und wird dir deswegen häufiger die Frage gestellt: »Woher kommst du?« Und das, obwohl du in Deutschland geboren wurdest?

Die entscheidende Frage hierbei ist: Empfindest du die Frage »Woher kommst du?« als rassistisch oder ist es in Ordnung, wenn man aufgrund einer anderen Hautfarbe zum Beispiel nach der »richtigen« Herkunft gefragt wird? Oder kommt es darauf an, wie man fragt und in welcher Beziehung man zum Gegenüber steht? Oder ist es jedem freigestellt, zu fragen, was und wie man will?

KAPITEL 03
VERARSCHEN

01. WER DARF ÜBER WEN LACHEN?
- Gedankenspiel: Wenn Scherze eine Grenzen überschreiten
- Gedankenspiel: Kann jeder witzig sein?
- Gedankenspiel: Warum macht man sich
  über andere lustig? Weil man ...

02. DARF MAN SICH ÜBER EINEN PRÄSIDENTEN LUSTIG MACHEN?
- Gedankenspiel: Was Satire nicht darf ...

03. SEIT WANN LACHEN WIR ÜBER HITLER?
- Gedankenspiel: Dürfen oder müssen?

04. DARF MAN ÜBER DEN HOLOCAUST LACHEN?
- Gedankenspiel: Wie entscheidend ist der Kontext?

05. VERARSCHEN AM LIMIT!
- 1. Grauzone: Online-Dating
- 2. Grauzone: Tod und Moral
- 3. Grauzone: Unterhaltungsindustrie
- 4. Grauzone: Witze entgegen der politischen Korrektheit
- 5. Grauzone: Revenge Porn
- Gedankenspiel: Gefährdet Unterhaltung die Demokratie?
- Gedankenspiel: Kriterien für gute Satire ...

BUUH

01. WER DARF ÜBER WEN LACHEN?

April, April! Hast du echt geglaubt, dass ich adoptiert bin? Und dass ich die Adoptionsunterlagen gestern zufällig in einer geheimen Schublade meiner Eltern gefunden habe? Tja, reingelegt!

Am ersten April ist es Tradition, andere zu verarschen. Ob Freunde, Bekannte oder Fremde, man darf sich gegenseitig reinlegen. Man erfindet eine Geschichte oder verbreitet eine falsche Meldung, von der man sicher ist, dass andere darauf entsprechend – mit Staunen oder Bestürzung zum Beispiel – reagieren. Unter Freunden sind solche Scherze unter Umständen auch an den restlichen 364 Tagen im Jahr erlaubt. In guten Freundschaften darf man sich immer mal wieder gegenseitig verarschen, solange es wohlwollend gemeint ist und auch der Reingelegte darüber lachen kann. Denn das ist es doch, worum es beim April-Scherz geht: ums Lachen. Ein April-Scherz funktioniert daher nur, wenn man hinterher gemeinsam lacht.

Der erste April ist auch der eine Tag im Jahr, der die Gesellschaft daran erinnert, wie wichtig Humor und Lachen sind. Manchmal ist man derjenige, der einen Scherz macht, manchmal derjenige, der reingelegt wird. In der Theorie soll man also nicht nur über andere lachen, sondern auch über sich selbst. In der Praxis fällt es den meisten Menschen allerdings viel leichter, den anderen auszulachen, als ausgelacht zu werden. Reingelegt werden kann manchmal richtig wehtun. Vor allem wenn es immer wieder dieselbe Person ist, die verarscht wird.

Wenn sich eine Person oder sogar eine ganze Gruppe immer wieder über eine andere Person lustig macht, spricht man hierbei im Extremfall von Mobbing. Die Person fühlt sich dann nicht nur reingelegt oder verarscht, sondern in ihrer Würde verletzt und erniedrigt. Die Gründe für Mobbing sind vielzählig. Dazu gehören zum Beispiel Übergewicht, ein kleiner oder gar nicht vorhandener Freundeskreis,

Armut, Beruf und Herkunft (der Eltern), ein Akzent – ob nun regional oder international –, oder das Vertreten ungewöhnlicher Meinungen. Mobbing kann in Form physischer und psychischer Gewalt auftreten, und bis zur Verletzung deiner Persönlichkeitsrechte gehen: Fordert dich zum Beispiel jemand online dazu auf, »Nudes« zu schicken, ist das ohnehin erst einmal fragwürdig. Wird das Foto dann an anderer Stelle veröffentlicht, ist das eine Verletzung deiner Persönlichkeitsrechte. In seltenen Fällen kommt es sogar vor, dass sich Mobbing-Opfer das Leben nehmen.

Vielleicht sind extreme Fälle von Mobbing auch ein Grund dafür, warum viele Menschen Angst davor haben, verarscht zu werden. Und deswegen lieber über andere lachen als über sich selbst. Oder verarbeitet man beim Lachen über andere manchmal auch Themen, die mit einem selbst zu tun haben?

GEDANKENSPIEL: WENN SCHERZE EINE GRENZE ÜBERSCHREITEN

- Wenn Lehrer einen Test ankündigen, auf den sich die Schüler vorbereiten, der aber nie wirklich stattfinden sollte.

- Wenn man den Tod eines Menschen vortäuscht. Darüber macht man keine Witze – oder ist das unter bestimmtem Umständen doch vertretbar?

- Wenn sich jemand immer wieder über die Fehler anderer lustig macht, um sich selbst in ein besseres Licht zu stellen.

- Wenn man das Interesse an einer Beziehung oder Verliebtsein vortäuscht, um jemanden dazu zu bringen, mit einem zu schlafen. Danach gibt man im gemeinsamen Umfeld damit an oder verbreitet intime und peinliche Details.

- Wenn man über jemanden das Gerücht streut, sie oder er habe sich mit einer sexuellen Krankheit angesteckt (z. B. Hepatitis B oder HIV). Selbst wenn sich hinterher herausstellt, dass es ein schlechter Scherz war, so ein Gerücht wird man nur selten wieder los.

Übertreten diese Scherze eine Grenze?

Häufig ist es auch eine Frage von Macht, wenn es darum geht, wer über wen lacht.

In Monarchien zum Beispiel ist es verboten, sich öffentlich über den König lustig zu machen. Man darf das oberste Staatsoberhaupt auch nicht direkt kritisieren und schon gar nicht beleidigen. Wer es trotzdem wagt, kann schnell wegen »Majestätsbeleidigung« bestraft werden. Hiervon ausgenommen waren die Hofnarren. Bereits im Mittelalter genossen sie an vielen Königshöfen eine privilegierte Stellung. Weil sie als »irre« galten, durfte man als Hofnarr Dinge aussprechen und machen, die ansonsten niemandem erlaubt waren. Ursprünglich waren sie meist wirklich »durchgedreht« und erhielten dadurch ihre sogenannte Narrenfreiheit. Der Hofnarr galt als komisches Ebenbild des Königs und sollte ihm den Spiegel vorhalten. Hofnarren bekamen oftmals sogar eigene Diener und Betreuer zur Verfügung gestellt und führten ein relativ luxuriöses Leben. Historiker meinen heute, der Hofnarr sollte vor allem die Herrschenden daran erinnern, dass die Welt und das Leben vergänglich sind. Gleichzeitig sollte er den König zur Demut mahnen und darauf hinweisen, dass auch sein Leben und seine Macht begrenzt waren. Praktisch bestand ihre Aufgabe jedoch darin, den König und die herrschende Klasse zum Lachen zu bringen. Hofnarren waren also Spaßmacher mit ernsthaftem Auftrag (Manchmal waren es übrigens auch Hofdamen, die die Rolle des Hofnarren übernahmen).

Die Tradition der europäischen Hofnarren ist schon sehr alt. Vor ungefähr 900 Jahren haben sie mit der professionellen Bespaßung ihrer Herrscher begonnen. Seitdem entwickelte sich die mittelalterliche Hofkultur zu einem der wichtigsten Orte für Unterhaltungskünstler. Denn die Herrscher wollten sich in ihrer Freizeit vergnügen. In ganz Europa begannen die Fürsten und Könige damals, um die beste Freizeitgestaltung wettzueifern. Daher stieg die Zahl der Narren, die sich extra schulen und ausbilden ließen. Gleichzeitig stiegen die Anforderungen, die ein Hofnarr zu erfüllen hatte: Ein Narr musste Geschichten erzählen, singen, tanzen können und ein Musikinstrument beherrschen. Nun ging es vor allem darum, den König und die Herrschenden auf hohem Niveau zu unterhalten. Man durfte also nicht mehr wirklich »schwachsinnig« sein. Im Gegenteil bedurfte es dazu einer besonderen Intelligenz. Der Einfluss und die Bedeutung der Hofnarren vergrößerten sich so sehr, dass manche von ihnen sogar zu wichtigen Informanten und Beratern des Königs oder dessen Frau wurden.

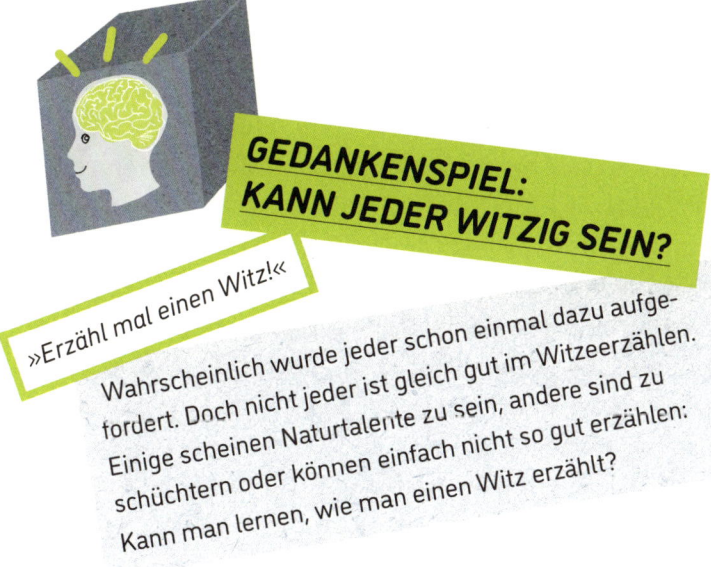

GEDANKENSPIEL: KANN JEDER WITZIG SEIN?

»Erzähl mal einen Witz!«

Wahrscheinlich wurde jeder schon einmal dazu aufgefordert. Doch nicht jeder ist gleich gut im Witzeerzählen. Einige scheinen Naturtalente zu sein, andere sind zu schüchtern oder können einfach nicht so gut erzählen: Kann man lernen, wie man einen Witz erzählt?

In Demokratien sind Witze über Politiker*innen und Regierende an der Tagesordnung. In Tageszeitungen und online findet man zahlreiche Karikaturen und Scherze, in denen Prominente verarscht werden. Es gibt einschlägige Magazine wie Titanic und Satire-Websites wie Der Postillon, aber auch Sendungen wie die heute show oder Extra 3, die vor allem politische Satire anbieten. Als die französische Schriftstellerin Yasmina Reza (u. a. bekannt für das später verfilmte Theaterstück Der Gott des Gemetzels) den französischen Präsidenten 2007 für ein Jahr lang begleitete, nannte sie ihn kurzerhand »Président Bling Bling«. Danach wurde er in der Öffentlichkeit immer wieder so bezeichnet. »Bling Bling« spielt auf den sehr luxuriösen Lebensstil und den markenbewussten Auftritt des Präsidenten an. Auch seine Liaison mit der international bekannten Sängerin Carla Bruni verstärkte dieses Image. Der italienische Premierminister wurde in den Medien ab 2010 eine Zeit lang nur noch als »Bunga Bunga-Präsident« betitelt. Auch das eine Anspielung auf das sehr ausschweifende und vergütungsorientierte Leben bzw. auf Sex-Partys, für die Berlusconi bis heute bekannt ist. Für Angela Merkel fand man witzige Spitznamen wie »Mutti« oder man machte sich über ihre Handstellung lustig, die sogenannte »Raute der Macht«.

Egal wo man hinschaut, Comedy und Satire sind aus Politik und Kultur nicht mehr wegzudenken. Zumindest in den westlichen, demokratischen Verfassungsstaaten ist das der Fall. In Diktaturen hingegen dürfen die Medien meist nicht unabhängig agieren, was wiederum bedeutet, dass dort die Presse- und Meinungsfreiheit eingeschränkt sind – es herrscht Zensur. Es ist ein typisches Zeichen für Diktaturen, dass öffentliche Kritik an der Regierung und politische Satire verboten sind. Wer die vorherrschenden politischen Überzeugungen und Werte einer Regierung hinterfragt, wird meist zensiert und nicht selten für seine abweichende Meinung bestraft und verfolgt.

Insbesondere seit der Aufklärung, die sich Vernunft und Wissen auf die Fahnen geschrieben hat, wird für das Recht auf Humor und Satire gekämpft. Damals, im 18. Jahrhundert, waren es vor allem

Witze über Religion und Politik, für die man im Gefängnis landen, verbannt oder sogar hingerichtet werden konnte. Obwohl in den Medien freiheitlich-demokratischer Staaten heute weitestgehend die Pressefreiheit und das damit verbundene Recht auf Meinungsfreiheit gilt, kommt es immer wieder zu Konflikten zwischen Staat, Volk und Meinungsfreiheit (vgl. hierzu auch Kapitel 1: LÜGEN und Kapitel 2: PROVOZIEREN).

GEDANKENSPIEL:
WARUM MACHT MAN SICH ÜBER ANDERE LUSTIG?

WEIL MAN ...

• auffallen will

• künstlerische Interessen verfolgt

• politische Interessen verfolgt

• andere verletzen will

• damit Geld verdient

• andere gern zum Lachen bringt

• jemandem eins auswischen will

• sich selbst minderwertig fühlt?

02. DARF MAN SICH ÜBER EINEN PRÄSIDENTEN LUSTIG MACHEN?

Am 31. März 2016 las der deutsche Satiriker Jan Böhmermann im deutschen Fernsehen ein Gedicht vor, das sich an den türkischen Präsidenten Recep Tayyip Erdogan richtete. Dieser hatte sich im Vorfeld über Satirebeiträge des deutschsprachigen Magazins Extra 3 empört. Mit seinem »Schmähgedicht« reagierte Böhmermann auf die Entrüstung des Präsidenten und wollte zeigen, ab wann Satire strafbar ist. Die Frage lautete also: Was ist in der Satire erlaubt und wann überschreitet sie ihre Grenzen? In diesem Kontext bezeichnete Böhmermann das türkische Staatsoberhaupt unter anderem als »Ziegenficker«, was unter normalen Umständen eine strafbare Beleidigung ist, eine sogenannte »Schmähkritik«. Damit löste Jan Böhmermann nicht zuletzt eine Staatsaffäre aus. Die Türkei reichte offiziell Klage ein wegen »Beleidigung von Organen und Vertretern ausländischer Staaten«. Mit anderen Worten wurde Böhmermann wegen »Majestätsbeleidigung« angezeigt, einem alten Paragraf im Gesetzbuch folgend, der auch »Majestätsbeleidigungsparagraf« genannt wird. Selbst Angela Merkel schaltete sich ein und sprach sich für eine rechtliche Klärung aus. Das Gedicht sei eine Angelegenheit für die Gerichte, nicht für die Bundesregierung, stellte sie klar. Im darauffolgenden Rechtsstreit standen zwei wichtige Punkte zur Debatte: Der Anwalt von Böhmermann plädierte auf das Recht der Meinungsfreiheit, der türkische Staat auf das allgemeine Persönlichkeitsrecht. Das Ergebnis: Das Gedicht wurde zwar nicht komplett verboten, aber 18 von 24 Gedichtversen dürfen nicht mehr wiederholt werden. Das Gerichtsurteil von 2017 ist eindeutig: Alle Aussagen, die die Person herabsetzen, wurden verboten. Weiterhin erlaubt sind die Verse, die sich auf das Verhalten des Präsidenten beziehen. Immerhin wurde 2018 der sogenannte »Majestätsbeleidigungsparagraf« in Deutschland abgeschafft, was man als Erfolg für Böhmermann verbuchen kann. Durch seine

Schmähkritik wurde offensichtlich, dass der Paragraf nicht mehr zeitgemäß war. Und welcher politische Satiriker träumt nicht davon, dass aufgrund der eigenen Kritik das Gesetzbuch geändert wird?

Bleibt die Frage, was eigentlich Satire ist und was sie von Comedy unterscheidet. Im Zweifel darf Satire in Deutschland heute (fast) alles, solange die Menschenwürde der Angegriffenen gewahrt wird. Bei Satire steht die kritische Botschaft im Vordergrund. Denn Satire will kritisieren und auf Missstände aufmerksam machen. Ironie, Zuspitzung und Übertreibung sind dabei beliebte Mittel, aber nicht notwendig. Satire muss nicht zwangsläufig witzig sein. Es geht um die Kritik oder poetischer ausgedrückt: Es geht darum, das Schreckliche in der Welt zu bekämpfen. Ein satirischer Beitrag lebt letztlich von der Hoffnung, die Welt zu verbessern. Die entscheidende Testfrage für eine Satire lautet: »Eignet sich der Beitrag dazu, die Welt ein Stück weit besser zu machen?« Scheitert er an diesem Anspruch, kann man nicht mehr von Satire sprechen. Daher gibt es auch keine Satire ohne ernsthafte Botschaft. Im Gegensatz zur Comedy, die unterhalten darf allein um des Spaßes willen. Comedy darf Tabus brechen und unter die Gürtellinie gehen, ohne dabei eine ernsthafte Botschaft vermitteln zu müssen. Sie genießt die Freiheit der Unterhaltung, bei der vor allem zählt, dass das Publikum lacht, und nicht, dass es denkt.

**GEDANKENSPIEL:
WAS SATIRE NICHT DARF ...**

• Falsche Fakten verwenden oder Statistiken verfälschen

• Tabus brechen ohne kritische Botschaft

• Wehrlose verhöhnen

• Eine Person verspotten, obwohl man weiß, dass die Fakten für sie sprechen

• Wahllos beleidigen ohne Missstände aufzuzeigen

Was gehört noch dazu?

03. SEIT WANN LACHEN WIR ÜBER HITLER?

Satirische Kritik an Präsidenten und Staatsoberhäuptern ist nichts Neues. Im Jahr 2010 war die Verschuldung des griechischen Staats so hoch, dass die anderen Länder aus der EU einspringen mussten, um Griechenland vor dem Bankrott zu bewahren. Weil die EU und besonders Angela Merkel für die finanzielle Hilfe von den Griechen die Einhaltung strenger Gesetze und Bedingungen erwartete, gab es viele Stimmen, die die Forderungen von Angela Merkel kritisierten. So wurde Angela Merkel etwa zu Beginn der »Griechenland-Krise« in griechischen und türkischen Medien als Karikatur mit Nazi-Uniform dargestellt. Es ist aber nichts Unübliches, dass mächtige Staatsoberhäupter in den (ausländischen) Medien kritisiert und als Karikatur dargestellt werden. Der ehemalige amerikanische Präsident Donald Trump und der britische Premierminister Boris Johnson mussten in den deutschen Medien immer wieder als Schreckgestalten oder Affen herhalten. In der 2019 erschienen Satire Die Kakerlake spekuliert der britische Schriftsteller Ian McEwan – offensichtlich in herrlicher Anspielung auf Franz Kafkas *Die Verwandlung* – darüber, ob Boris Johnson und Donald Trump in Wirklichkeit Kakerlaken seien, die sich in Menschen verwandelt haben ... Die erste massenwirksame Satire über ein Staatsoberhaupt im 20. Jahrhundert stammt von dem amerikanischen Komiker Charlie Chaplin. In seinem Film *Der große Diktator* von 1940 parodiert er Adolf Hitler. Darin übertreibt er Hitlers autoritäres Auftreten und Sprechen so sehr, dass das Erschreckende daran gleichzeitig urkomisch wirkt. Chaplin gibt den deutschen Diktator der Lächerlichkeit preis, womit er ihn entzaubert, ohne ihn zu verharmlosen. Schon in den 30er-Jahren hatten ihn die Nazis in Deutschland zum Feindbild erklärt und als »jüdischen Komiker« bezeichnet, obwohl er gar kein Jude war. Aber auch im eigenen Land musste sich Chaplin erst gegen zahlreiche Widerstände und Kritiker durchsetzen, damit der Film gedreht und ausgestrahlt werden konnte. Während des Zweiten Weltkriegs gab es nämlich auch in den USA einige einflussreiche Leute, die mit Hitlers Politik sympathisierten und hinter der Nazi-Ideologie standen. Andere wiederum zweifelten am Erfolg des Films, weil Hollywood mit dem Krieg eigentlich nichts zu tun haben wollte. Erst als Charlie Chaplin vom amtierenden amerikanischen Präsidenten Franklin D. Roosevelt Unterstützung bekam, gab ihm das genügend Selbstbewusstsein und politische Rückendeckung, um das heikle Projekt weiterzuverfolgen. Als *Der große Diktator* herauskam, versuchten amerikanische Nazi-Schläger die Premiere mit Gewalt zu stören. Dass sein Film ein Publikumserfolg wurde, ändert aber nichts daran, dass er auch ein moralisches Wagnis war. Denn 1940 hatte Hitler mit seinem Blitzkrieg gerade Polen besetzt. Von den zukünftigen Kriegen und Massenvernichtungen konnte man zu diesem Zeitpunkt noch nichts wissen. Nach dem Ende des Zweiten Weltkriegs meinte Charlie Chaplin: »Hätte ich von dem Grauen in den deutschen Konzentrationslagern gewusst, ich hätte *Der große Diktator* nicht machen können.«

Trotz dieser Bedenken ist der Film ein Meilenstein der politischen Satire. Im Zeitalter der digitalen Kommunikation profitiert natürlich auch die politische Satire davon, dass die Verbreitung von Nachrichten immer schneller und einfacher wird. In den sozialen Medien erfährt auch die politische Satire eine neue Dimension. Heute sind es nicht mehr nur Filme, sondern vor allem Memes, Tweets und Videos, die zur Kritik und Diskussion anregen.

GEDANKENSPIEL: DÜRFEN ODER MÜSSEN?

Immer wieder wird in Deutschland darüber diskutiert, ob man über Hitler lachen darf, sei es bei Hitler-Parodien wie *Mein Führer* (2007) oder bei Komödien wie *Er ist wieder da* aus dem Jahr 2015 (zuvor 2012 als Satire in Buchform erschienen). Aber vielleicht fängt der Fehler schon bei der Fragestellung an. Heißt die Frage vielleicht, ob man über Hitler lachen darf – oder ob man über Hitler lachen muss.

04. DARF MAN ÜBER DEN HOLOCAUST LACHEN?

»Keiner ist tabu, nichts ist heilig«, heißt es im Trailer zur satirischen Reihe Historical Roast von Netflix. Laut eigenen Angaben soll die Serie Debatten über die Geschichte anregen. Historische Persönlichkeiten wie Cleopatra, Abraham Lincoln oder Martin Luther King sollen kritisch dargestellt oder »gegrillt« werden, wie es der Name der Serie nennt. Die Folge über das jüdische Mädchen Anne Frank polarisierte die Öffentlichkeit besonders stark. Anne Frank hat ihr heute berühmtes Tagebuch während des Zweiten Weltkriegs in einem Versteck in Amsterdam geschrieben und wurde von den Nazis getötet. In der Folge sagt der Hitler-Darsteller unter anderem: »Von allen Berichten aus dem Zweiten Weltkrieg, die ich gelesen habe, ist dein Buch mit Abstand am brennbarsten.« Damit wird auf die Bücherverbrennung durch die Nazis in Deutschland 1933 angespielt. Die Anne-Frank-Stiftung in Amsterdam nannte die Folge eine »geschmacklose Satire«. Auch das niederländische Informations- und Dokumentations-Zentrum zu Israel sprach von einer misslungenen Sendung.

Geschaffen hat die »Roasts« der US-Komiker Jeff Ross, der selbst jüdischer Herkunft ist. Er »grille« nur Leute, die er bewundere, rechtfertigte sich der Erfinder der Sendung. Weil viele Leute die Geschichte von Anne Frank vergessen hätten, habe er sich dazu entschieden, eine Satire darüber zu machen. Der Zwecke der Satire war es also, die Schicksalsgeschichte und das Leben von Anne Frank wieder in Erinnerung zu rufen. Was man dazu noch wissen muss: In den USA haben »Roasts« eine lange Tradition und sind bekannt dafür, Tabus zu brechen und über die Grenzen des guten Geschmacks hinauszugehen. Über Geschmack lässt sich bekanntlich streiten. Trotzdem wirft dieser Fall eine Reihe wichtiger Fragen auf. Darf Satire alles oder gibt es Grenzen? Macht es einen Unterschied, ob der Macher der Satire derselben Abstammung ist wie die, die er roastet? Oder dürfte ein

Deutscher mit einer Nazifamiliengeschichte dasselbe tun? Dürfte Satire, unabhängig von der Herkunft der Erfinder, sich auch gezielt über Holocaust-Opfer lustig machen?

Das Beispiel ist nicht zufällig gewählt. Mit der Satire über Anne Frank wird ein besonders empfindliches Thema berührt. Der Holocaust ist eines der schwärzesten Kapitel der deutschen Geschichte und Witze darüber waren lange Zeit tabu. Wieso sollte man sich auch über die Vernichtung von circa sechs Millionen Menschen lustig machen oder sich einen Scherz über einen zutiefst menschenverachtenden Völkermord erlauben? Diese Frage ist auch deshalb besonders komplex und politisch, weil es Menschen gibt, die den Holocaust abstreiten (sogenannte Holocaust-Leugner). Das wiederum kann in Deutschland, sofern die Leugnung nachweislich explizit und öffentlich betrieben wird, sogar als Straftat angezeigt werden. Und bei einer Satire über den Holocaust ist niemals völlig ausgeschlossen, dass sich dahinter eine politische Haltung versteckt, die die historische Wirklichkeit ablehnt oder relativiert. Auch das ist ein Grund dafür, dass das Thema politisch besonders brisant und empfindlich ist.

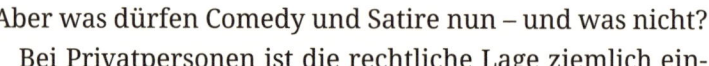

Aber was dürfen Comedy und Satire nun – und was nicht? Bei Privatpersonen ist die rechtliche Lage ziemlich eindeutig. Zumindest in der Theorie gibt es einen klaren Unterschied zwischen Beleidigung und Satire. Während Beleidigung die gezielte Herabsetzung einer Person meint und deren Würde angreift, ist bei Satire der Kontext entscheidend. Handelt es sich um einen direkten Angriff auf die Menschenwürde oder wird deutlich, dass die Satire in einem künstlerischen Rahmen geäußert wird, der Raum für Kritik und Ironie offenlässt? Was theoretisch ziemlich simpel klingt, ist in der Praxis manchmal kaum zu klären. So richtig kompliziert wird es immer dann, wenn es um die Darstellung von Gewalt und Tod geht. Was die einen für geschmacklos halten, ist für andere im Namen der künstlerischen Freiheit vertretbar. Denn was Satire definiert und ausmacht, ist im Einzelfall nicht immer leicht festzulegen. Für sie gilt letztlich die künstlerische Freiheit – und wo die genau anfängt und vor allem aufhört, lässt sich nicht allgemeingültig sagen. Zumindest gilt hier aber: Jeder hat das Recht auf satirische Kritik. Christen, Juden, Moslems, Behinderte, Frauen, Männer und Intersexuelle. Sie alle dürfen mit dem Werkzeug der Satire kritisiert werden, wenn sie ein entsprechendes Fehlverhalten an den Tag legen.

GEDANKENSPIEL:
WIE ENTSCHEIDEND IST DER KONTEXT?

Du erhältst den Auftrag, einen Fernsehbeitrag über den Ausruf »Ich glaube, es hackt!« zu drehen. Einer deiner Redakteure schlägt vor, in den Beitrag das Video einer Babyrobbe einzubinden, das gerade mit einer Spitzhacke erschlagen wird.

Wie reagierst du? Ist die Verwendung einer solchen grausamen Darstellung vertretbar und hilft sie bei der Erklärung der Redensart? Wäre die Babyrobbe sogar ein geeignetes Mittel, um die Leute zum Lachen zu bringen? Oder wäre es verwerflich, die Babyrobbe nur zum Spaß einzubauen und für einen Lacher zu missbrauchen? Gehört die Babyrobbe viel eher in einen Beitrag über Robbenjagd, um die Kaltblütigkeit von Robbenjägern zu veranschaulichen? Darf man die Babyrobbe für Comedy-Zwecke verwenden oder sollte man sie vielmehr für Satire-Zwecke einsetzen, um dann damit auch noch die Robbenjäger zu kritisieren?

Sobald es um die Darstellung von Gewalt und Tod geht, gibt es häufig Streit und unterschiedliche Ansichten darüber, wie viel Witz und Humor erlaubt sind. Wäre es zum Beispiel vertretbar, in einer Karikatur einen Sänger wie Jesus ans Kreuz zu nageln, um zu zeigen, dass seine Karriere beendet ist? Oder würde man damit die (religiösen) Gefühle von Christen verletzen? Wahrscheinlich wäre die Jesus-Karikatur für die meisten akzeptabel, sie kommen mittlerweile so häufig in den Medien vor, dass man sich schon ein wenig daran gewöhnt hat.

Wie aber verhält es sich nun mit Witzen über Holocaust-Opfer? Unter welchen Bedingungen und in welchem Kontext dürfte man über den Holocaust lachen? Macht es einen Unterschied, ob der Komiker jüdischer Abstammung ist? Ist Humor davon abhängig, woher man stammt und in welchem Land und in welcher Kultur man aufgewachsen ist?

05. VERARSCHEN AM LIMIT!

1. GRAUZONE: ONLINE-DATING

Täglich lernen sich Menschen über das Internet kennen und verabreden sich. Dabei kann es vorkommen, dass eine der Personen einfach nicht erscheint. Natürlich kann immer etwas dazwischenkommen, aber wieso sagen viele Menschen dann nicht ab, sondern kommen stillschweigend nicht? Haben ein oder mehrere Dates stattgefunden, aber eine der Personen reagiert plötzlich nicht mehr auf Nachrichten und stellt sich tot, ist man ein Opfer von Ghosting geworden. Das ist eine andere Art der Absage, eine, bei der man dem Konflikt aus dem Weg geht, bzw. deutlich macht: »Du interessierst mich nicht genug, als dass ich dir ehrlich mitteile, was (nicht) zwischen uns ist.« Psychologisch ist die Motivation dahinter eindeutig, denn die meisten Menschen wollen sich nur mit anderen Menschen wirklich auseinandersetzen, wenn sie ihnen etwas bedeuten.

2. GRAUZONE: TOD UND MORAL

Das »Zentrum für Politische Schönheit« ist bekannt für seine provokante Aktionskunst. 2019 löste das Künstlerkollektiv beispielsweise eine riesige Diskussion aus, als sie angeblich die Asche von Holocaust-Opfern auf einem öffentlichen Platz in Berlin ausstellten. Ihnen wurde vorgeworfen, dass sie die Ruhe der Toten störten und die Holocaust-Opfer für ihre Zwecke missbrauchten. Laut jüdischer Religion verstößt es nämlich gegen das Gesetz der Totenruhe, die Asche jüdischer Opfer zu verwenden. Mit ihrer Aktion verletzten sie also gleich mehrere Tabus und überschritten eine moralische Grenze. Als Rechtfertigung führten sie folgende Gründe an: Ihre »Gedenkstehle« sollte an Hitlers Ermächtigungsgesetz von 1933 erinnern, das ihm erlaubte, Gesetze eigenmächtig zu beschließen und so aus der Weimarer Republik eine Diktatur zu machen. Erklärtes Ziel der Aktion sollte sein, an die Machtergreifung Hitlers zu erinnern und daran, dass ein solcher Umsturz der Demokratie nie wieder passieren dürfe.

Unabhängig davon, ob es sich um tatsächliche Asche von Opfern handelte, war der öffentliche Widerstand gegen das Kunstwerk so groß, dass die Verantwortlichen es im Nachhinein zunächst verhüllten. Schließlich schaltete sich sogar das Bezirksamt Mitte ein und forderte das Kollektiv auf, das Kunstwerk zu entfernen. Dieser Vorfall zeigt beispielhaft, wie tief Kunst, Religion und Politik in einen Konflikt geraten können. Bei Grenzfällen und Tabubrüchen dieser Art stellen sich daher die Fragen: Wie politisch darf Kunst eigentlich sein? Darf sich Kunst über moralische Grenzen und Religionsgesetze hinwegsetzen? Ist es moralisch vertretbar, wie hier im Beispiel, die Überreste von Holocaust-Opfern öffentlich auszustellen, oder wird der Holocaust selbst damit der Lächerlichkeit preisgegeben und verharmlost? Verletzt man damit möglicherweise die Gefühle der Hinterbliebenen? Muss Kunst auf die Gefühle anderer Rücksicht nehmen? Dürfen Religionsgesetze darüber entscheiden, was Kunst (nicht) darf?

> *WIE POLITISCH DARF KUNST EIGENTLICH SEIN?*

3. GRAUZONE: UNTERHALTUNGSINDUSTRIE

»Wir amüsieren uns zu Tode!«, schrieb der amerikanische Medienkritiker Neil Postman in den 1980er-Jahren und meinte damit, dass der permanente Fernsehkonsum die Gesellschaft verblöde. Fernsehkonsum führe sogar zur Zerstörung der Demokratie. Damit vertritt er eine kulturkritische Auffassung. Bereits 1967 veröffentlichte der französische Soziologe Guy Debord sein Buch Spektakel-Gesellschaft und kritisierte darin die kapitalistische Gesellschaft. Ihm zufolge richtet sich die liberale Mediengesellschaft selbst zugrunde, indem sie aus allem ein Spektakel macht und jeder Einzelne darin in erster Linie eine aggressive Inszenierung seiner selbst verfolgt.

4. GRAUZONE: WITZE ENTGEGEN DER POLITISCHEN KORREKTHEIT

Witze über Menschen mit Downsyndrom, HIV-Infizierte, Vergewaltigungen, Frauen, Farbige und Homosexuelle. Warum eigentlich nicht? Einige Komiker in Europa und USA setzen immer wieder auf das Prinzip: je politisch unkorrekter, desto besser! Natürlich darf man nicht nur die Mächtigen durch den Kakao ziehen und kritisieren. Auch über Grünen-Wähler, Wutbürger, Minderheiten und Randgruppen darf man Witze machen. Wenn dies allerdings dazu führt, dass man gezielt über Minderheiten lacht und, um dadurch Diskriminierung und Gewalt gegenüber denselben zu provozieren und zu verharmlosen, dann wurde definitiv eine Grenze überschritten. Dann zeigt sich, dass Lachen selbst aggressiv, diskriminierend und Ausdruck von Hass sein kann. Meinungsfreiheit und Freiheit der Kunst dürfen nicht dazu (aus)genutzt werden, Hassbotschaften zu verbreiten und Vorurteile zu stärken. Oder zählt in einer Demokratie am Ende wirklich das Prinzip: Man muss über alles lachen können dürfen?

5. GRAUZONE: REVENGE PORN

Was gar nicht geht: die Fotos einer anderen Person ohne ihr Wissen und Einverständnis veröffentlichen! Das verletzt nicht nur die Persönlichkeitsrechte. Handelt es sich um Nacktfotos oder Fotos, die einen in einer peinlichen Situation zeigen, ist es eine extreme Form, die weit über Mobbing hinausgeht. »Revenge Porn«, heißt es, wenn man sich nach einer Beziehungstrennung an seinem Partner rächt, indem man Nacktfotos oder Videos veröffentlicht, die man zuvor miteinander geteilt hat. Egal wie wütend, enttäuscht oder verletzt man ist, so eine Aktion schadet allen Beteiligten und ist strafbar.

GEDANKENSPIEL: GEFÄHRDET UNTERHALTUNG DIE DEMOKRATIE?

Gibt es zu viel inhaltlose Unterhaltung und amüsieren wir uns zu Tode?

Oder ist diese Kritik total überzogen und sind Satire und Unterhaltung stattdessen der beste Beweis dafür, dass unsere Demokratie funktioniert?

GEDANKENSPIEL: KRITERIEN FÜR GUTE SATIRE ...

• Ist die kritische Botschaft klar erkennbar?

• Sind Gut und Böse noch voneinander zu unterscheiden?

• Geht der Witz auf Kosten von Verharmlosung und Abstumpfung?

• Ist der »Feind« die Sache und die Aufmerksamkeit wirklich wert?

• Ist der Humor intelligent – oder zu platt?

• Fühlt man sich als Betroffener diskriminiert?

• Wie sehr wird jemand persönlich angegriffen und bloßgestellt?

• Geht der Witz auf Kosten von Minderheiten?

• Welche Tabus werden verletzt?

KAPITEL 04

HATEN

01. VERBINDET HASS?

02. WIE ENTSTEHT HASS?
- Gedankenspiel: Kann man sich selbst hassen?

03. WIE DENKT POLITISCHER HASS?
- Gedankenspiel: Macht Hassen Spaß?
- Gedankenspiel: F*** Greta?
- Gedankenspiel: Kann Hass nützlich sein?

04. KANN MAN DIE DEMOKRATIE HASSEN?
- Xenophobie: Wer hat Angst vor Überfremdung?
- Rassismus: Wer gehört (nicht) zum Volk?
- Faschismus: Wer sehnt sich nach einem starken Führer?
- Kommunismus: Wer will den demokratischen Staat abschaffen?
- Islamophobie: Wer hat Angst vor der islamischen Kultur?
- Antisemitismus: Haben Juden zu viel Einfluss?
- Islamismus: Warum hassen Extremisten die westliche Lebensweise?
- Sexismus: Wieso reduzieren wir Menschen auf ihr Äußeres?
- Misogynie: Trauen wir Frauen weniger zu?
- Antifeminismus: Will der Feminismus unsere Gesellschaft zerstören?
- Transphobie: Gibt es nur zwei Geschlechter?
- Homophobie: Gleiche Rechte für alle?
- Misandrie: Sind Männer destruktiver als Frauen?
- Chauvinismus: Bin ich besser als andere?
- Gedankenspiel: Bist du ein Menschenhasser?

05. WAS IST EINE EXTREMISTISCHE HALTUNG?

- Was wollen Rechtsextremisten?
- Was wollen Linksextremisten?
- **Gedankensprung:** Sind Mitläufer autoritär?
- **Gedankenspiel:** Hättest du Widerstand geleistet?
- **Gedankenspiel:** Kennst du deinen dunklen Kern?
- **Gedankensprung:** Ist das Böse banal?
- **Gedankenspiel:** Schuldkult oder Verantwortung?

06. IN WELCHER PARALLELWELT LEBST DU?

- **Gedankensprung:** Ist Deutschland eine GmbH?
- **Gedankenspiel:** Verbotene Symbole?
- **Gedankenspiel:** Man wird ja wohl noch (hinter-)fragen dürfen!

07. WEM NÜTZT EINE THEORIE?

08. WIESO HABEN WIR ANGST VOR HORROR-CLOWNS?

- **Gedankenspiel:** Welche Maske trägst du?
- **Gedankenspiel:** Ist Kultur barbarisch?
- **Gedankenspiel:** Mit Hashtags gegen Hass?

01. VERBINDET HASS?

Maximilian ist 16 Jahre alt und wohnt in Hamburg. Er hasst Treppensteigen, Smalltalk, schlechtes WLAN und endlose Diskussionen über Politik, die zu keinem Ergebnis führen. Maria ist 16 Jahre alt und wohnt in Leipzig. Sie hasst Treppensteigen, Smalltalk, schlechtes WLAN und Zwiebeln schneiden. Was sie beide von allen Dingen am allerwenigsten ertragen können: iOS Updates. Auf der Dating-App »Hater« wäre es sehr wahrscheinlich, dass die beiden sich kennenlernen. Denn »Hater« verkuppelt die Partnersuchenden auf der Grundlage dessen, was sie ablehnen. Was ursprünglich als Witz eines amerikanischen Comedians begann, wurde schließlich als Geschäftsmodell in die Praxis umgesetzt. Der Gedanke dahinter ist: Die potenziellen Partner sollen sich über Dinge und Themen verbinden, die sie nicht mögen. »Hater« setzt auf gemeinsame Abneigungen und nicht auf gemeinsame Vorlieben. Und trotzdem geht es um Gemeinsamkeiten, nämlich um die Dinge, die man gemeinsam nicht leiden kann. Kann Hass also eine verbindende Wirkung haben?

Natürlich kann es zwei Menschen einander näherbringen, wenn sie sich auch über das austauschen, was sie nicht mögen. Wenn sich dann auch noch herausstellt, dass es ähnliche Dinge sind, schafft das ein Gefühl der Verbundenheit. Die Erfahrung hat vielleicht jeder schon mal gemacht: Man kann sich komplett fremden Menschen verbunden fühlen, wenn man merkt, dass man

MATCH!

sich gemeinsam über eine Sache (z. B. deutsche Fernseh-Serien, Die Deutsche Bahn) oder eine dritte Person auslassen kann. Ob das als Voraussetzung für Liebe reicht und der Plan von »Hater« aufgeht, sei mal dahingestellt. Allerdings gibt es auch wissenschaftliche Hinweise darauf, dass Hass und Liebe sehr eng beieinander liegen. Die Hirnforscher Semir Zeki and John Romaya vom University College, London haben 2008 herausgefunden, dass beim Lieben dieselben zwei Gehirnareale aktiv sind wie beim Hassen. Natürlich fühlt sich Liebe ganz anders an als Hass. Aber vielleicht erklärt der Blick ins Gehirn, warum beide Gefühlszustände so intensiv und extrem sein können. Die zwei Londoner Wissenschaftler meinen damit zumindest erklären zu können, dass Liebe und Hass verwandte Gefühle sind.

Schon der Philosoph René Descartes (1596–1650) zählte den Hass zu den sechs ursprünglichen Leidenschaften. In seinem 1649 erschienenen Werk *Die Leidenschaften der Seele* analysiert er die menschlichen Gefühle. Descartes unterscheidet darin zwischen körperlichen und seelischen Zuständen. Die wichtigsten, ursprünglichen Gefühle sind für ihn Liebe, Hass, Trauer, Freude, Verwunderung und Begierde. Er meint, dass alle Menschen diese Gefühle erleben. Über den Hass schreibt Descartes, dass er moralisch schlecht ist. Aber Hass hat auch einen Nutzen: Er bringt den Menschen dazu, schädliche Dinge und gefährliche Situationen zu vermeiden. Hass kann so gesehen eine Orientierungshilfe für unser Denken und Handeln sein. Für René Descartes ist Hass damit das Gegenteil von Liebe: Hass wirkt abstoßend, Liebe zieht an. Auch wenn Liebe komplexer und vielschichtiger ist, Hass und Liebe sind für Descartes Gegensätze – und genau das macht sie für ihn zu verwandten Gefühlen. Beide können beispielsweise einen starken Einfluss auf den Puls haben und in beiden Gefühlszuständen kann man auch schon mal die Selbstbeherrschung verlieren. Außerdem kann aus Liebe Hass werden und Hass kann sich in Liebe verwandeln. Manchmal sogar innerhalb weniger Minuten.

02. WIE ENTSTEHT HASS?

Zunächst einmal ist Hass ein Gefühl, das zum Alltag des Menschen gehört, genau wie Liebe, Hoffnung und Zuneigung. Aber mal abgesehen davon, dass Hass ein Gefühl ist, wie entsteht er? Es beginnt meist damit, dass man etwas oder jemanden abstoßend findet und verurteilt. Beim Antisemitismus zum Beispiel ist genau das der Fall. Menschen mit antisemitischen Einstellungen glauben unter anderem, dass die Juden weltweit zu viel Einfluss haben, dass Juden geldgierig und machthungrig, falsch und hinterhältig seien. Wenn man aber eine ganze Bevölkerungsgruppe ausnahmslos ablehnt, dann hat das meist mit einer Reihe irrationaler Gefühle zu tun. Denn es gibt keine rationale Rechtfertigung dafür, dass man sich von einer ganzen Volksgruppe bedroht, hintergangen oder sogar angegriffen fühlt. Bei Judenhass bzw. Antisemitismus ist es oft eine Mischung aus irrationaler Angst, Neid und Misstrauen.

Hass setzt meist eine besondere Beziehung zu einem Thema, zu einer Person oder zu einer ganzen Gruppe voraus. Um ein ganz alltägliches Beispiel zu nennen: Solch eine Beziehung kann sich zum Lehrer einstellen, wenn man das Gefühl hat, dass man von ihm nicht gemocht und deswegen schlechter benotet wird. Man fühlt sich benachteiligt und ungerecht behandelt. Geht das über einen längeren Zeitraum so, dann entsteht neben Frustration, Enttäuschung und Wut irgendwann vielleicht auch Hass. Ist es die Mathelehrerin, die einen unfair behandelt, dann verliert man möglicherweise sogar das komplette Interesse am Fach Mathematik. Was dazu führen kann, dass man anfängt, die gesamte Mathematik zu hassen. Oder man wird in Zukunft allen Mathelehrern misstrauisch begegnen. Eine persönliche Hassbeziehung kann sich also auch von einer Person auf andere Bereiche und Personen übertragen.

Hast du dir schon einmal vorgestellt, jemandem etwas Schlimmes anzutun, oder sogar jemanden zu ermorden? Keine Sorge, denn damit bist du nicht allein, sondern gehörst zu einer überwältigenden

Mehrheit von Menschen. Selbst ansonsten eher ausgeglichene und sanftmütige Charaktere haben gelegentlich den Wunsch, furchtbare Untaten an Mitmenschen zu begehen. Das zumindest fand der amerikanische Psychologe David M. Buss in einer Reihe von Studien heraus, die er in seinem 2005 erschienenen Buch *The Murderer Next Door. Why the Mind is Designed to Kill* zusammenfasste. Laut einer weltweiten Umfrage haben 91 Prozent der Männer und 84 Prozent der Frauen schon einmal darüber fantasiert, einen anderen Menschen umzubringen. Natürlich sind das nur Gefühle und Gedanken. Aber sie machen deutlich, wie sehr die Vorstellung zu töten im Menschen angelegt ist.

GEDANKENSPIEL: KANN MAN SICH SELBST HASSEN?

Richtet sich Hass nach innen anstatt nach außen, dann spricht man von Selbsthass. Nimmt der Selbsthass überhand, kann er zu Selbstverletzungen, Selbstmordversuch oder sogar Suizid führen. Allerdings hegen die meisten Menschen einen gewissen Selbsthass, ohne dass es negativen Einfluss auf das Leben nimmt, im Gegenteil.

Was meinst du: Ist Selbsthass eher ungesund und zu vermeiden? Oder könnte Selbsthass – innerhalb gewisser Grenzen – auch wichtige Hinweise liefern, nämlich für das, was man an sich selbst nicht mag? Und könnte Selbsthass einem nicht manchmal sogar dabei helfen, sein Verhalten zu verändern und Dinge auch anders zu machen?

03. WIE DENKT
POLITISCHER HASS?

Politischen Hass erkennt man meist an einem klaren Freund-Feind-Schema, in dem die Devise gilt: Wir gegen die Anderen! Man hasst also gemeinsam oder anders ausgedrückt: Man hasst im Kollektiv. Freunde müssen die Verbündeten nicht sein. Es reicht, ein gemeinsames Feindbild zu haben. Der »Feind« kann dabei alles Mögliche sein. Ob Greta Thunberg, Donald Trump, Flüchtlinge, Frauen, alte weiße Männer, Juden, Islamisten, Neonazis, Globalisierung, Kapitalismus, Europäische Union, Digitalisierung, Politiker*innen aller Couleur, öffentlich-rechtliche Mediensender, Klimawandel oder SUVs – der politische Hass kann sich an den unterschiedlichsten Personen, Themen und Dingen entfachen.

Allen Zielscheiben ist gemeinsam, dass sie als Sündenbock hingestellt werden. Man erklärt andere für schuldig und unterstellt ihnen Bösartigkeit bzw. böse Absichten. Mit anderen Worten: Man ist von der Vorstellung geradezu besessen, dass jemand oder etwas die Wurzel allen Übels ist. Statt Geflüchtete als Menschen zu bezeichnen, die auf Hilfe und Unterstützung angewiesen sind, sieht man in ihnen eine Gefahr für das eigene Wohlergehen. Flüchtlinge gelten plötzlich als »Eindringlinge« und »Fremdkörper«, die von Steuergeldern finanziert werden und den anderen Bürgern auch noch die Arbeitsplätze wegnehmen. Oder die emanzipierte Frau ist dann beispielsweise nicht mehr Symbol für gesellschaftlichen Fortschritt, sondern sie steht für einen angeblich gefährlichen und bedrohlichen Verfall der traditionellen Gesellschaftsordnung. Unter dem Einfluss von politischem Hass sind Muslime, die nach Europa kommen, keine normalen Einwanderer unter vielen. Man unterstellt ihnen, dass sie sich nicht integrieren wollen und darüber hinaus den geheimen Plan verfolgen, die europäische Kultur zu unterwandern. Das heißt, eigentlich wollen sie Europa »islamisieren«, damit der Islam dort in Zukunft zur dominierenden Kultur wird. Was wiederum dazu führt, dass muslimische Einwanderer für den vermeintlichen »Untergang des Abendlandes« verantwortlich gemacht werden. Auch der Antisemitismus funktioniert nach einem ähnlichen Muster. Schon lange vor dem Zweiten Weltkrieg gab man den Juden in Deutschland (und auf der ganzen Welt) die Schuld an der politischen und sozialen Misere des eigenen Landes (vgl. hierzu Kapitel 1: LÜGEN). Zum politischen Hass gehört also auch eine gute Portion Selbsttäuschung und Verblendung. Auf diese Weise ist es dann nur konsequent, immer anderen die Schuld zu geben. Man fühlt sich bedroht, benachteiligt und ungerecht behandelt, obwohl gar keine reale Gefahr oder Bedrohung besteht. Besonders gut beobachten lässt sich politischer Hass in sozialen Foren und Kommentarspalten. Sobald sich Menschen in einer Gesellschaft zusammentun, um politisch zu hassen, greift immer wieder der Sündenbockmechanismus (vgl. hierzu Kapitel 2: PROVOZIEREN) und der Hass kann schnell menschenverachtende Züge annehmen.

GEDANKENSPIEL: MACHT HASSEN SPASS?

Wenn Psychologen von Angstlust sprechen, dann meinen sie die Tatsache, dass Menschen manchmal Lust dabei empfinden, wenn sie sich fürchten und ängstigen. Das ist zum Beispiel in der Geisterbahn, bei Kriminalgeschichten und Horrorfilmen der Fall. Angstlust kann sich aber auch bei schlechten Nachrichten und Schreckensmeldungen (Unfälle, Terror-Anschläge, Flugzeugabsturz, Vulkanausbruch, Mord, Krieg) einstellen.

Gibt es so etwas wie Hasslust?

Wenn die Erfahrung negativer Emotionen tatsächlich Lust erzeugen kann, könnte das dann nicht auch auf Hass zutreffen?

Und ist das eine mögliche Erklärung dafür, warum das kollektive Hassen unter Menschen so verbreitet ist?

GEDANKENSPIEL: F*** GRETA?

In den sozialen Medien muss fast jeder damit rechnen, Zielscheibe von Hate-Speech zu werden. Zumindest dann, wenn man sehr sichtbar ist und polarisiert, d.h. andere mit seiner Meinung besonders stark provoziert. Relativ neu ist, dass sich der Hass auf junge Mädchen richtet, wie z.B. Greta Thunberg. Eine deutschsprachige Facebookgruppe mit über 500.000 Mitgliedern, »Fridays for Hubraum«, wurde 2019 sogar geschlossen, weil dort zu viele Drohungen und Vergewaltigungswünsche gegenüber Greta gepostet wurden.

Wie soll man damit umgehen, dass eine (häufig rechtsextreme) Minderheit gezielt Hass im Netz verbreitet?

Ist es ein neues Phänomen, dass auch junge Mädchen Opfer von Hate-Speech werden, oder gab es das schon immer und wird durch die sozialen Netzwerke nur sichtbarer als davor?

Sollten Morddrohungen und Hasskommentare im Netz stärker verfolgt werden oder muss eine liberale und demokratische Gesellschaft das aushalten?

GEDANKENSPIEL: KANN HASS NÜTZLICH SEIN?

Denke an Beispiele, in denen Hass und tiefe Abneigung auch eine positive Antriebsfeder sein können, zum Beispiel bei der Abschaffung der Sklaverei, beim Protest gegen ein verfassungswidriges Gesetz oder beim Umsturz einer Diktatur. Genauso kann heftige Zuneigung problematisch werden, etwa der Hang vieler Menschen zu Diktatoren- verehrung und zur Ausgrenzung von Minderheiten.

Können Hass und Wut in bestimmten Fällen zu positiven Veränderungen in der Gesellschaft führen?

Welche Situationen und Bewegungen fallen dir ein, auf die das zutreffen könnte?

04. KANN MAN DIE DEMOKRATIE HASSEN?

Vor allem Politiker*innen und Journalist*innen sind immer wieder Opfer von Beschimpfungen, Hassmails und Hasskommentaren. Die Bandbreite reicht von persönlichen Beleidigungen bis hin zu Verge-waltigungs- und Morddrohungen. Wer ein politisches Amt bekleidet und seine Meinung öffentlich kundtut, muss besonders im Netz mit allen möglichen Spielarten von Hate-Speech rechnen. Man könnte fast meinen, dass Morddrohungen zum Berufsrisiko von Politiker*in-nen gehören. In manchen Fällen gelten die Morddrohungen nicht nur den Politiker*innen selbst, sondern auch ihrer Familie und ihren Kin-dern. Selbstverständlich sind solche Angriffe nicht nur grundsätzlich menschenverachtend, weil sie die Würde des Einzelnen verletzen. Die Androhung von Mord ist außerdem eine Straftat. Allerdings sind die meisten radikalen Ansichten und wütenden Äußerungen durch die Meinungsfreiheit geschützt. Das heißt, es gibt fast nichts, dass man in Deutschland nicht sagen oder denken dürfte. Dennoch verstößt Hate-Speech in vielen Fällen gegen die freiheitlich-demokratische Grundordnung (damit sind die rechtlichen und politischen Rahmen-bedingungen gemeint, unter denen wir in einer Demokratie leben, insbesondere das Grundgesetz und die Menschenrechte). Denn ist Hate-Speech wirklich eine Meinung? Und welche Arten von Hass gibt es in unserer Gesellschaft?

Auf den folgenden Seiten werden nun einige extreme Spielarten von politischem und sozialem Hass vorgestellt, die in unserer Gesellschaft besonders verbreitet sind. Sehr häufig handelt es sich dabei um »grup-penbezogene Menschenfeindlichkeit«, mit denen wir andere abwerten und ausgrenzen.

XENOPHOBIE: WER HAT ANGST VOR ÜBERFREMDUNG?

Xenophobie: Fremdenfeindlichkeit oder Fremdenhass

Als xenophob wird bezeichnet, wer Personen und Volksgruppen ablehnt, die eine andere Herkunft haben als man selbst. Das Wort stammt ursprünglich aus dem Griechischen und heißt übersetzt »Angst« oder »Furcht« vor dem »Fremden«. Daher kann man unter Xenophobie auch als eine ganz allgemeine Angst vor dem Fremden definieren. Alles Fremde, also alles, was nicht der eigenen Kultur entspricht, wird als feindliche Bedrohung erlebt. Letztlich geht es dem Xenophoben darum, das Fremde zu bekämpfen, um das Eigene zu schützen und zu bewahren. Fremdenfeindlichkeit ist eine spezielle Form von Diskriminierung: Man wertet andere Menschen ab aufgrund von Herkunft, Hautfarbe, Religion oder ethnischer Zugehörigkeit. Die Angst vor dem Fremden ist wahrscheinlich so alt wie die menschliche Kultur. Ausländerfeindlichkeit ist nur ein Aspekt von Xenophobie. Daher ist Angst vor dem Fremden verwandt mit Rassismus, aber nicht damit zu verwechseln.

RASSISMUS: WER GEHÖRT (NICHT) ZUM VOLK?

Rassismus: Abwertende Haltung und ausgrenzendes Verhalten gegenüber Menschen, die einer anderen Ethnie angehören.

Ein Rassist lehnt andere Menschen durch die Zuordnung bestimmter biologischer und kultureller Merkmale ab. In der Vergangenheit wurde meist von biologischen Merkmalen auf die verminderte Leistungsfähigkeit und auf die Unterlegenheit einer »Rasse« geschlossen. Im Gegenzug galt die eigene Rasse als überlegen. Bei den Nazis wurde der Rassismus offen und offensiv propagiert. Die Deutschen galten als arische »Herrenrasse«, die dazu bestimmt war, über die anderen »Rassen« zu herrschen. Damals waren noch vermeintlich wissenschaftliche Rassentheorien im Umlauf, auf die sich die Nationalsozialisten stützten. Heute weiß man allerdings, dass es keine menschlichen »Rassen« gibt und dass Rassentheorien wissenschaftlich nicht haltbar sind. Allein die Annahme von verschiedenen »Rassen« ist bereits ideologisch und rassistisch. Rassistisches Denken und Verhalten von heute ist meist subtiler und indirekter. »Rasse« wird häufig durch »Kultur« ersetzt. Man spricht dann von fremden Kulturen, die angeblich nicht zur eigenen Kultur passen, sie sogar zu zerstören drohen. Rassisten sorgen sich um die »kulturelle Identität« der eigenen Bevölkerung.

Rassismus kann ganz schön absurd sein! Während einige Menschen einerseits regelmäßig zum türkischen Kiosk um die Ecke gehen und sich hervorragend mit der schwarzen Kellnerin im Lieblingsrestaurant verstehen, fürchten sie gleichzeitig, dass »die Ausländer« eine Bedrohung sind.

FASCHISMUS: WER SEHNT SICH NACH EINEM STARKEN FÜHRER?

Faschismus: eine politische Bewegung, die Anfang des 20. Jahrhunderts in Italien entstanden ist.

»Glaube, gehorche, kämpfe!«, so ein Leitspruch des Faschismus. Faschisten hassen vorrangig drei Dinge: Demokratie, Kommunismus und Schwäche. Daher streben Faschisten nach einem totalitären System und huldigen einem Führerkult. So zumindest machte es Benito Mussolini (1883–1945), als er in Italien die Demokratie stürzte und mit seinen schwarzen Schlägertrupps (»Schwarzhemden«) 1922 in Rom einmarschierte. Er ließ sich zum Regierungschef ernennen und errichtete innerhalb von drei Jahren eine Diktatur. Seine politischen Gegner wurden verfolgt, verhaftet, verbannt oder ermordet. Ab 1925 herrschte Mussolini allein mit seiner Partei in einem sogenannten Ein-Parteien-Staat. In der ersten faschistischen Diktatur Europas waren keine anderen Parteien neben der führenden mehr erlaubt. Wer sich dem Duce del Fascismo (»Führer des Faschismus«) nicht unterwarf und unterordnete, wurde aus der Partei ausgeschlossen. Mussolini selbst sah sich als Nachfolger der römischen Kaiser und träumte davon, ein neues Römisches Reich zu gründen. Die Bedürfnisse und Rechte des Einzelnen zählen in faschistischen Diktaturen nicht mehr viel. Im Mittelpunkt der Regierung steht das Wohl der sogenannten »Volksgemeinschaft«. Die wichtigsten (faschistischen) Ideale darin sind: Gewalt, Jugend, Männlichkeit, Stärke und Nationalismus. Daher schließen sie Minderheiten wie z. B. psychisch und körperlich Kranke, Homosexuelle und Menschen mit Behinderung aus oder eliminieren sie sogar. Mussolinis Erfolgsgeschichte war Vorbild für eine ganze Reihe weiterer rechtsextremer Bewegungen in Europa. Auch Hitler ließ sich von Mussolinis Bewegung inspirieren und machte sich Strategien der faschistischen Bewegung zu eigen, um dann seine nationalsozialistische Diktatur zu errichten. Auch wenn Mussolinis Faschismus und Hitlers Nationalsozialismus sich in einigen Hinsichten ähnlich sind, haben sie nicht dieselben politischen Ideologien und Beweggründe. Die italienischen Faschisten waren zwar autoritär, fremdenfeindlich und nationalistisch, jedoch war die extreme Judenfeindlichkeit eine Besonderheit des deutschen Nationalsozialismus. In der Naziideologie wurden Nationalismus, Rassismus und Antisemitismus miteinander verbunden, was zum Holocaust führte, der Ermordung von mehr als 6 Millionen Juden.

KOMMUNISMUS: WER WILL DEN DEMOKRATISCHEN STAAT ABSCHAFFEN?

Kommunismus: ähnlich wie Faschisten neigen Kommunisten zu autoritärem, ideologischem Denken und streben eine neue Gesellschaft ohne Klassenunterschiede an.

Kommunisten hassen drei Dinge: Kapitalismus, Faschismus und Religion. Kommunismus geht auf das Wort »communis« zurück und bedeutet »gemeinsam«. Im kommunistischen Staat soll die Macht vom Volk ausgehen. Kommunisten beziehen sich auf die Ideen und die Lehre von Karl Marx (1818–1883) und Friedrich Engels (1820–1895) in *Das kommunistische Manifest* (1848), in dem die Gleichheit aller Menschen ins Zentrum gestellt wird. Kommunisten streben nach einer neue Art des Zusammenlebens: In der kommunistischen Gesellschaft wird das Privateigentum abgeschafft und die für den Lebensunterhalt notwendigen Produktionsmittel gehören allen Menschen. In der Theorie klingt das ziemlich gut. In der Praxis hat sich gezeigt, dass auch kommunistische Systeme zu Gewalt und totalitärer Schreckensherrschaft neigen. Wie beim Faschismus und Nationalsozialismus wurden auch kommunistisch regierte Länder zu einem Ein-Parteien-Staat. Die ehemalige DDR (Deutsche Demokratische Republik) ist ein sehr einprägsames Beispiel für ein System, das unter dem Deckmantel des Sozialismus die Rechte der Bürger einschränkte und Andersdenkende verfolgt, verhaftet oder umgebracht hat. Mit Demokratie hatte das alles sehr wenig zu tun. In der DDR galt das Prinzip des Sozialismus, sprich die Vorstufe zur idealen Gesellschaft des Kommunismus. (Im Sozialismus soll die gerechte Verteilung der Güter an alle Mitglieder und die Verstaatlichung der Produktionsmittel konkret umgesetzt werden.) Als eine der größten kommunistischen Mächte der Welt verwandelte sich auch die Sowjetunion in eine Diktatur, in der viele Millionen Menschen brutal ermordet wurden, weil sie anderer Meinung waren als die herrschende Klasse. Allein, dass es eine herrschende Klasse gab, widerspricht bereits den Idealen des Kommunismus. Die Vorstufe zum Kommunismus sah Karl Marx in einer sozialistischen Marktwirtschaft. Der Kommunismus ist eine politische Idee, die noch nie erfolgreich umgesetzt wurde. Seine Kritiker halten den Kommunismus daher auch für eine gefährliche Ideologie und Utopie.

ISLAMOPHOBIE: WER HAT ANGST VOR DER ISLAMISCHEN KULTUR?

Islamophobie: Angst oder Furcht vor der islamischen Kultur.

Führt die Angst vor der islamischen Kultur zu einer Ablehnung aller Muslime, spricht man von Islamfeindlichkeit. Meistens richtet sich der Hass vor allem gegen die islamische Religion, von der man als Islamophober ein durch und durch negatives Bild hat. Sie gilt als grundsätzlich gefährlich und unmoralisch, u. a. weil sie zwischen Religion und Staat nicht trennt. Für einen islamophob denkenden Menschen sind Muslime Angehörige einer primitiven, aggressiven und minderwertigen Kultur, die mit den demokratischen Grundwerten nicht vereinbar ist. Nicht selten wirft man als Islamophober alle Muslime in einen Topf und unterscheidet nicht zwischen radikalen Islamisten und Muslimen. Muslimenfeindliche Menschen denken häufig nationalistisch und finden, dass der Islam nicht zu Europa passt. Man spricht sich gegen den Bau von Moscheen aus und ist der Meinung, dass die Religionsfreiheit von Muslimen eingeschränkt werden müsse. Man spricht sich also für eine gezielte Diskriminierung von Menschen aufgrund ihres Glaubens aus. In extremen Fällen ist man Anhänger einer neuen nationalistischen Bewegung (die identitäre Bewegung, die sich klar für ein homogenes Europa ausspricht.) und hat Angst vor einer Islamisierung des Westens. Vielleicht ist man sogar Anhänger einer Verschwörungstheorie (siehe unten: Die große Umvolkung).

Allerdings liegt nicht jeder Kritik an der islamischen Religion eine islamophobe oder islamfeindliche Haltung zugrunde. Man kann das Verhalten von Muslimen und die Religionsgesetze des Islam kritisieren, ohne islamfeindlich zu sein. Ein Atheist kann ja auch das Christentum ablehnen, ohne deshalb menschenverachtend zu sein. Entscheidend ist, dass man den einzelnen Menschen weiterhin die Grundrechte zugesteht, die laut Grundgesetz für alle gelten.

ANTISEMITISMUS: HABEN JUDEN ZU VIEL EINFLUSS?

Antisemitismus: Fremdenfeindlichkeit gegenüber

Juden oder auch Judenhass.

Ein Antisemit ist unter anderem der Meinung, dass Juden auf der Welt zu viel Einfluss haben und dass sie geldgierig, betrügerisch, hinterlistig und machthungrig sind. Ein sehr bekanntes Motiv für Judenhass ist der sogenannte Sozialneid: Laut einem alten Klischee sind reiche Juden dafür bekannt, ihr Vermögen zu vergrößern, indem sie Geld verleihen und dafür hohe Zinsen nehmen. Genährt wird dieses Vorurteil unter anderem durch den jüdischen Gründer des Frankfurter Bankhauses Rothschild aus dem 18. Jahrhundert. Die Rothschilds wurden zu einer der einflussreichsten Bankerfamilien Europas. Aber auch bei Shakespeare tritt im Kaufmann von Venedig um 1600 ein reicher Jude auf, der anderen Geld leiht. Der Sozialneid gegenüber Juden hat also einerseits historische Wurzeln und führte anderseits im Laufe der Jahrhunderte immer wieder zu starken Vorurteilen. Die National-sozialisten unter Hitler knüpften daran an und propagierten zahllose rassistische Vorstellungen über das jüdische Volk (sie erklärten alle Juden zu sogenannten »Untermenschen«). In ihrer Ideologie wurden die Juden häufig als Verschwörer dargestellt, die nach der Weltherr-schaft streben. In einer aktuellen Variante des Antisemitismus wird die Ansicht vertreten, dass es an der Zeit ist, einen radikalen Schluss-strich unter die Nazi-Vergangenheit zu ziehen. Warum soll man sich immer wieder an die schrecklichen Verbrechen der Nationalsozialis-ten erinnern, wenn es doch auch so viele positive Dinge gibt, die in der Geschichte Deutschlands passiert sind? Als Antisemit findet man, dass man die Schuld der Deutschen viel weniger unterstreichen und stattdessen ihre Stärke mehr betonen sollte. In Extremfällen leugnet man gar den Holocaust.

ISLAMISMUS: WARUM HASSEN EXTREMISTEN DIE WESTLICHE LEBENSWEISE?

Islamismus: Sammelbegriff für alle Erscheinungsformen des islamischen Extremismus, die eine politisch-totalitäre Ideologie verfolgen (auch »religiöser Fundamentalismus« genannt)

Islamisten hassen die freiheitlich-demokratische Grundordnung, die westliche Lebensweise und das Judentum. Sie lehnen die Trennung von Staat und Religion ab und wollen das gesamte politische und ge-sellschaftliche Leben den religiösen Gesetzen und Werten des Islam, der Scharia, unterwerfen. Eine Demokratie ist ihrer Überzeugung nach mit der islamischen Religion nicht vereinbar. Die Macht soll nicht vom Volk ausgehen, sondern von Gott und seinen Gesetzen. Is-lamisten fordern eine wortgetreue Befolgung der Scharia und befür-worten damit eine Benachteiligung von Frauen, Homosexuellen und Andersgläubigen. In der westlichen Lebensweise und in der Gleichberechtigung aller Menschen sehen sie daher eine Gefahr und erklären »den Westen« zu ihrem Feindbild. Westliche Grundwerte wie Meinungs-, Presse-, Kunst- und Religionsfreiheit lehnen sie ab. Für einige islamistische Gruppierungen sind Gewalt und Terror ein legitimes Mittel, um ihre Ziele zu erreichen. Zu den bekanntesten globalen Organisationen gehören Al-Qaida und der Islamische Staat (IS). Beide Netzwerke agieren weltweit und werden vom UN-Weltsicherheitsrat, den USA, Großbritannien und Deutschland als terroristische Vereinigungen eingestuft. Al-Qaida ist unter anderem für die Anschläge vom 11. September 2001 auf das World Trade Center in New York und für den Anschlag auf die Redaktion des Satiremagazins Charlie Hebdo am 7. Januar 2015 in Paris verantwortlich. Der im Jahr 2004 gegründete Islamische Staat wurde durch sein Vorhaben bekannt, im Nahen Osten einen Gottesstaat zu errichten, in dem ausschließlich islamistische Werte und Gesetze gelten sollen. Auch in Deutschland gibt es mehrere islamistische Gruppen, von denen einige eine Gegenwelt zur Mehrheitsgesellschaft bilden. Da dort radikal andere Regeln gelten, nennt man diese Gemeinschaften auch Parallelgesellschaften.

SEXISMUS: WIESO REDUZIEREN WIR MENSCHEN AUF IHR ÄUSSERES?

Sexismus: Wenn man Menschen auf ihr Aussehen und ihren Körper reduziert.
Eine sexistische Aussage erkennt man daran, dass eine Person aufgrund ihres Geschlechts diskriminiert und benachteiligt wird. Vor allem Frauen sind oft von Sexismus betroffen. Das kann sich in Form einer anzüglichen Bemerkung äußern oder dadurch, dass man anhand des Geschlechts auf die Charaktereigenschaft einer Person (z. B. schwach, zickig, dumm) schließt. Auch Werbung, Videospiele, Musik und Filme können sexistisch sein. Vor allem im Hip-Hop und Gangsta-Rap wird immer wieder gegen Frauen und Minderheiten gehetzt. Ist das noch Kunst und Gegenkultur oder schon aktive Diskriminierung? Es wäre zumindest nicht sehr überraschend, wenn Sexismus ein fester Teil unserer Kultur wäre, denn selbst gesellschaftliche Strukturen

und Sprache sind oft sexistisch. Hier ein Beispiel: In den 60er-Jahren war das amerikanischen Wort für sexuelle Belästigung (»sexual harrassment«) nur wenig oder kaum definiert. Neben einer klaren inhaltlichen Bedeutung, was eigentlich eine sexuelle Belästigung ausmacht, fehlte auch eine rechtliche Klärung davon. Das machte es für Frauen schwierig, über sexuelle Übergriffe zu sprechen. Entweder handelte es sich um einen Flirt oder eine Vergewaltigung, dazwischen gab es quasi nichts. In der Folge fiel sexuelle Belästigung unter die Kategorie Flirt. Damit hatten Frauen eine sehr lange Zeit faktisch keine Möglichkeit, Belästigung als solche zu benennen und anzuzeigen. In den letzten 20 Jahren ist das öffentliche Bewusstsein dafür gewachsen, dass Sexismus ein ernst zu nehmendes gesellschaftliches Problem ist und in einigen Fällen einer Straftat gleichkommt und als diese zu behandeln ist.

MISOGYNIE: TRAUEN WIR FRAUEN WENIGER ZU?

Misogynie: Wenn sich der Hass auf Frauen und richtet und die Gleichberechtigung von Männern und Frauen verhindern will.

»Misogyn« ist letztlich jede Aussage, die das weibliche Geschlecht abwertet. Man glaubt dann, dass die Frau schwächer ist. Auch Popkultur, Medien, wirtschaftliche Strukturen und Gesetze können misogyn sein, wenn sie Frauen herabsetzen und benachteiligen. Die Frauenbewegung in Europa ist schon einige Jahrhunderte alt und hat viel erreicht: zum Beispiel die sogenannte Suffragettenbewegung, die in England das Wahlrecht für Frauen (1928) erkämpfte (der Name ist der Bedeutung des englischen und französischen »suffrage« entlehnt, was übersetzt »Wahlrecht« heißt.). Trotzdem gibt es in unserer Gesellschaft noch immer die Tendenz, das weibliche als das schwächere Geschlecht zu definieren. Damit reduziert man Frauen auf eine begrenzte Anzahl von Fähigkeiten und stereotypisiert sie, obwohl die Wirklichkeit anders aussieht.

ANTIFEMINISMUS: WILL DER FEMINISMUS UNSERE GESELLSCHAFT ZERSTÖREN?

Antifeminismus: Meint das Bestreben, die traditionelle

Rollenverteilung von Mann und Frau aufrechtzuerhalten.

Der Antifeminist arbeitet gegen die Gleichstellung von Mann und Frau. Er ist überzeugt, dass die Emanzipation der Frau keinen Fortschritt für die moderne Gesellschaft darstellt, sondern die Frauenbewegungen der Gesellschaft im Gegenteil mehr schaden als nützen würden. Er glaubt, dass es eine natürliche Männlichkeit gibt, die der weiblichen Natur überlegen sei. Man wirft Feminist*innen vor, dass sie die Gesellschaftsordnung auflösen wollten, und macht sie dafür verantwortlich, dass Männer immer weiblicher werden. Antifeministische Ansichten sind sehr häufig auch misogyn und sexistisch. Antifeministen sind aber keineswegs ausschließlich männlich.

TRANSPHOBIE: GIBT ES NUR ZWEI GESCHLECHTER?

Transphobie: Angst vor Trans*Menschen und Personen, deren

Geschlechtsidentität von der heterosexuellen Norm abweicht.

Trans*Menschen passen häufig nicht in das binäre Mann-Frau-Schema und lösen dadurch eine starke Abneigung und Ablehnung bei transphoben Menschen aus. Äußert sich die Abneigung in ausgrenzendem Verhalten, spricht man von Transfeindlichkeit. Wer Trans*Personen hasst, lehnt möglicherweise auch die Vorstellung ab, dass es neben weiblich und männlich ein drittes Geschlecht (divers) gibt. In manchen Fällen geht die Ablehnung bis zu Mobbing, physischen, mitunter tödlichen Angriffen.

HOMOPHOBIE: GLEICHE RECHTE FÜR ALLE?

Homophobie: Angst und Furcht vor Homosexuellen.

Homophobie gilt genauso wie Rassismus, Xenophobie oder Sexismus als gruppenbezogene Menschenfeindlichkeit. Wer homophob denkt, hat Vorurteile gegenüber Schwulen, Lesben und Bisexuellen. Besonders verbreitet ist die feindliche Einstellung gegenüber Homosexuellen in rechtsextremen und islamistischen Gruppen. In Europa hat sich der Blick auf Homosexualität im Laufe der letzten zwei Jahrtausende stark gewandelt: Vor 2.500 Jahren war Homosexualität nämlich noch gesellschaftlich akzeptiert. Es gibt viele Quellen, die belegen, dass homosexuelle Kontakte und Beziehungen bei den alten Griechen und Römern als normal angesehen wurden. Bis ins 19. Jahrhundert galt die Liebe zwischen zwei Männern als gar nichts Außergewöhnliches (Analverkehr, also Sodomie, unter Männern hingegen galt seit dem Mittelalter als unzüchtig und wurde bestraft). Auch an vielen europäischen Königshäusern wurde Homosexualität geduldet und nur selten verurteilt. Erst in der zweiten Hälfte des 19. Jahrhunderts wurde Homosexualität zur Krankheit erklärt und unter Strafe gestellt. Der Begriff »Homosexualität« stammt übrigens aus genau dieser Zeit.

In Deutschland galt Homosexualität von 1872 bis 1974 als Straftat. Unter den Nationalsozialisten wurden Homosexuelle systematisch verfolgt und teilweise ermordet. Bis 1992 führte die Weltgesundheitsorganisation (WHO) Homosexualität immer noch als Krankheit. Seit 2001 können Homosexuelle eine eingetragene Partnerschaft anmelden. 2017 wurde dann die »Ehe für alle« beschlossen. Homophobe Menschen sind gegen die Gleichberechtigung von Homosexuellen. Sie wollen die traditionelle Familie schützen und vertreten die Meinung, dass die Ehe zwischen Frau und Mann höherwertig oder die einzig richtige ist.

MISANDRIE: SIND MÄNNER DESTRUKTIVER ALS FRAUEN?

Misandrie: Wenn sich Hass gegen Männer richtet und
Männer als moralisch schlecht angesehen werden.

Meist sind es Frauen und radikale Feminist*innen, die eine tiefe Abneigung gegen Männer und männliches Verhalten empfinden. Sie betrachten Männlichkeit als etwas durch und durch Negatives. Männlichkeit sei »toxisch« (giftig), heißt es dann häufig. Auch einige Soziologen und Psychologen meinen, dass die Art und Weise, wie die Gesellschaft »Männlichkeit« definiert, destruktiv sei. Es geht also nicht um Männlichkeit per se, sondern um eine bestimmte Interpretation davon (wenn z. B. Männlichkeit mit Stärke und Härte gleichgesetzt wird und Gefühle keine besondere Rolle spielen sollen). Allerdings ist nicht jede Kritik an Männlichkeit gleich ein Zeichen für Männerhass. Die seit einiger Zeit häufig verwendete Bezeichnung »Alte weiße Männer« bringt es auf den Punkt: Einerseits wird damit kritisiert, dass (einige) alte weiße Männer dazu tendieren, ihre Vorstellungen ohne Rücksicht auf Verluste durchzusetzen. Andererseits ist »Alte weiße Männer« eine dreifache Diskriminierung, gegen Menschen aufgrund ihres Alters, ihrer Hautfarbe und ihres Geschlechts.

CHAUVINISMUS: BIN ICH BESSER ALS ANDERE?

Chauvinismus: Der Drang, anderen überlegen sein zu müssen.

Chauvinisten sind überheblich und strahlen ein Überlegenheitsgefühl aus. Ein Chauvinist nimmt andere nicht als gleichwertige Gesprächspartner ernst und verweigert Kommunikation auf Augenhöhe. Politisch denkt ein Chauvinist vor allem nationalistisch und patriotisch. »Make America great again!« ist ein gutes Beispiel für einen chauvinistischen Spruch in der Politik. Chauvinisten sind statistisch meist Männer, die sich Frauen gegenüber anmaßend verhalten.

GEDANKENSPIEL: BIST DU EIN MENSCHENHASSER?

Misanthropie: Menschenhass, Menschenverachtung und Menschenfeindlichkeit.

Als Misanthrop hat man ein durch und durch negatives Menschenbild. Misanthropen sind häufig auch Pessimisten. So zum Beispiel der Philosoph und Einzelgänger Arthur Schopenhauer (1788–1860), der über das Leben einmal schrieb: »Es ist heute schlecht und wird nun täglich schlechter werden – bis das Schlimmste kommt.« Für Schopenhauer bedeutete Leben und Älterwerden vor allem Leiden. Er war davon überzeugt, dass die menschliche Existenz eine Art Irrtum sein muss.

Die meisten Misanthropen sind zwar Menschen oder der Begegnung mit Menschen gegenüber negativ eingestellt, zeigen aber keine Gewaltbereitschaft. Das Gegenteil von Misanthropie ist übrigens Philanthropie, Menschenliebe.

Nach all den oben erläuterten Variationen des Menschenhasses: Ist der Mensch liebens – oder hassenswert? Oder beides? Kann man Menschen auch ruhig mal hassen, obwohl man sie ansonsten liebt?

05. WAS IST EINE EXTREMISTISCHE HALTUNG?

Gefährlich wird politischer Hass vor allem dann, wenn es zu Gewalttaten kommt oder wenn radikale Einstellungen von einer Mehrheit der Bevölkerung übernommen werden. Denn radikale Ansichten treten in der Regel am äußeren Rand der Gesellschaft auf. Man spricht hierbei deshalb auch von Extremismus bzw. extremistischen Einstellungen. Allerdings ist nicht jeder Hater und nicht jede diskriminierende Einstellung automatisch »extremistisch«. Selbst die Morddrohung gegenüber einem Politiker oder einer Person der Öffentlichkeit muss nicht notwendigerweise einen extremistischen Hintergrund haben. Damit man von »Extremismus« sprechen kann, müssen drei Kriterien erfüllt sein: 1. Man lehnt den demokratischen Verfassungsstaat ab. 2. Man strebt nach einer neuen politischen oder religiösen Gesellschaft. 3. Man setzt sich mit Schriften, Protesten, Veranstaltungen und gezielten Aktionen für die eigenen Ziele ein und wendet dabei manchmal auch Gewalt an. In der Extremismusforschung unterscheidet man zwischen Links- und Rechtsextremismus. Normalerweise starten links- und rechtsextreme Gruppen als kleine Randgruppen und bleiben innerhalb einer Demokratie auch eine Minderheit. Dass dies nicht immer so sein muss, zeigt die Geschichte der Weimarer Republik. In der ersten deutschen Demokratie bewegte sich am äußersten linken Rand die Kommunistische Partei Deutschlands (KPD), während gleichzeitig die Nationalsozialistische Deutsche Arbeiterpartei (NSDAP) rechts außen aktiv war. Beide lehnten die Weimarer Republik ab und kämpften für eine neue Gesellschaft, die ihren extremistischen Vorstellungen entsprach. Die rechtsextremistische NSDAP propagierte einen aggressiven Nationalismus, Antisemitismus und Rassismus.

Nach seiner Ernennung zum Reichskanzler schaffte Adolf Hitler die Demokratie in Deutschland ab und legte so den Grundstein für das größte Verbrechen in der deutschen Geschichte. Historiker und Forscher sprechen hierbei auch von einem »Zivilisationsbruch«. Zurück zum Kampf zwischen linken und rechten Parteien in der Weimarer Republik: Hätte die linksextremistische KPD die Mehrheit erhalten, hätte sie wahrscheinlich ähnlich wie Hitler die Demokratie abgeschafft, wenn auch mit anderen politischen Zielen. Was aber macht eine linksextreme Gesinnung aus? Und was ist konkret mit rechtsextremistischen Einstellungen gemeint?

WAS WOLLEN RECHTSEXTREMISTEN?

- Man will wieder innerhalb der Grenzen des »Deutschen Reiches« aus den 30er-Jahren leben.
- Der Wert eines Menschenlebens bemisst sich daran, wie sehr man zur deutschen Kultur, Ethnie und Nation gehört.
- Man fühlt sich andern Völkern überlegen und findet, dass Deutsche ohne Migrationshintergrund wertvoller sind als Menschen mit einer anderen Herkunft und Abstammung.
- Der Wunsch, die eigene Kultur zu erhalten, und die Meinung, dass Deutschlands Kultur zerfällt: Deshalb muss man sich wieder auf alte Werte und Traditionen zurückbesinnen und die deutsche Kultur vor fremden Einflüssen schützen.
- Man betont die guten Seiten des »Dritten Reichs«, leugnet den Holocaust und möchte mehr Anerkennung für die deutschen Soldaten aus dem Zweiten Weltkrieg.
- Sehnsucht nach einem starken Führer: Man denkt, dass liberale und demokratische Ideen der deutschen Kultur schaden und dass Deutschland von einem Führer regiert werden soll.
- Bei aller Abneigung gegen Kommunisten und Demokraten: Staatsfeind Nr. 1 sind »die Juden«. Daher sieht man sie auch als eine einheitliche und mächtige Gruppe, die viel Einfluss auf Politik und Wirtschaft ausübt und dadurch für alles Übel der Welt verantwortlich ist.

WAS WOLLEN LINKSEXTREMISTEN?

• Man vertritt die Meinung, dass alle Menschen gleich sind, und befürwortet eine klassenlose Gesellschaft, in der niemand reicher oder ärmer sein darf, niemand mehr oder weniger arbeiten sollte als andere.

• Der Wunsch, die Gesellschaft radikal zu verändern: Daher nennt man sich selbst auch lieber linksradikal und nicht linksextremistisch.

• Man sieht das Hauptproblem der Gesellschaft darin, dass nicht das Volk regiert, sondern das Kapital bzw. diejenigen, die viel Geld besitzen. Als Linksextremer hat man daher häufig eine tiefe Abneigung gegenüber dem Kapitalismus und denjenigen, die ihn befürworten und von ihm in großem Stil profitieren.

• Die Überzeugung, dass der Staat alle Bereiche des Zusammenlebens regeln sollte: sozial, wirtschaftlich und kulturell.

• Als Linksextremist hasst man jede Form von Faschismus und Rechtsextremismus.

• Tier- und Umweltschutz sind häufig wichtige Themen: Dafür geht man auch mal auf die Straße, blockiert Atommülltransporte oder befreit Tiere aus der Massentierhaltung. (Was wiederum nicht bedeutet, dass grundsätzlich alle Anhänger von Greenpeace oder Fridays for Future linksextrem sind, im Gegenteil: Linksextremisten sind dort eher die Ausnahmen als die Regel!)

• Staatsfeind Nr. 1 ist ist häufig der Staat: Der Staat, das sind die Feinde der klassenlosen Gesellschaft, die Polizei und manchmal auch das Militär.

• Man engagiert sich dafür, dass alle Menschen die gleichen Rechte bekommen: man unterstützt Migranten und Geflüchtete und setzt sich für die Gleichberechtigung von Frauen, Homosexuellen, Bisexuellen und Trans*Personen ein.

In Deutschland entscheidet der Verfassungsschutz darüber, ob eine Einstellung verfassungsfeindlich ist und ob eine Gruppe als »extremistisch« eingestuft wird. Ist man einmal in dieses Raster gerutscht, wird man in der Folge oftmals überwacht, was aber noch lange nicht heißt, dass eine Gruppe oder eine Einstellung verboten ist. Ein Verbot aussprechen kann nur das Bundesverfassungsgericht. Ansonsten gilt: Solange Extremisten niemandem schaden, muss man ihnen das Recht zugestehen, ihre Meinung frei zu äußern. Denn in einer freiheitlichen demokratischen Grundordnung gilt die Meinungsfreiheit für alle: Man kann denken, glauben und sagen, was man will. Daher sind extremistische Einstellungen auch nicht illegal (außer wenige Ausnahmen wie die Leugnung des Holocaust!). Laut Verfassung sind die Grundrechte nicht auf bestimmte Menschen beschränkt, sondern sie gelten für alle Menschen, auch für Extremisten. Selbst dann, wenn ihre Einstellung darauf hinausläuft, die Demokratie abzuschaffen. Was nicht zu unterschätzen ist, denn die Geschichte zeigt, dass dadurch in letzter Konsequenz tatsächlich die Demokratie enden kann.

GEDANKENSPRUNG: SIND MITLÄUFER AUTORITÄR?

Das zumindest arbeitete der Philosoph Theodor W. Adorno (1903–1969) in seinen Studien zur Autoritären Persönlichkeit (1950) heraus: Wer sich nach einem starken Führer sehnt, möchte dem eigenen Leben einen Sinn geben. Weil man das eigene Leben als unbedeutend erlebt, will man wenigstens als untergeordneter Mitläufer an Macht und Herrschaft teilhaben. Genau das ist Adornos These: Menschen, die einem starken Führer folgen wollen, sind nicht einfach nur Opfer, die nicht wissen, was sie tun. Sie sind meist selbst autoritär, d. h., sie wollen Macht über andere ausüben, notfalls auch mit Gewalt. Eine autoritäre Persönlichkeit ordnet sich also unter, um selbst eine Autorität für andere sein zu können.

GEDANKENSPIEL:
HÄTTEST DU WIDERSTAND GELEISTET?

Als Hitler 1933 an die Macht kam, war es für viele Deutsche absehbar (und teilweise auch erwünscht), dass die Demokratie durch eine Diktatur ersetzt würde. Viele prominente Künstler, Schriftsteller, Intellektuelle und Wissenschaftler stellten sich damals die Frage: Gehen oder bleiben? Widerstand leisten oder mitmachen?

Der Schriftsteller Erich Kästner, der Komponist Wilhelm Furtwängler und der umstrittene Philosoph Martin Heidegger blieben in Deutschland und verfolgten ihre Karriere. Als Rektor der Universität Freiburg liebäugelte Martin Heidegger sogar mit den Nazis und forderte die Studierenden dazu auf, dem Führer zu folgen. Er befürwortete antisemitisches Denken und engagierte sich für die »nationalsozialistische Revolution«, ein Umstand, über den bis heute kontrovers diskutiert und gestritten wird. In den berühmten Schwarzen Heften gibt Heidegger Einblick in sein privates Denken und äußert sich mehrfach antisemitisch. Besonders schwer wiegt der Vorwurf, dass er sich auch nach dem Ende des Zweiten Weltkriegs nicht ein einziges Mal vom Holocaust und von den Verbrechen der Nazis distanzierte, obwohl er bis 1976 lebte.

Der deutsche Dirigent Wilhelm Furtwängler begründete sein Bleiben in Deutschland unter anderem damit, dass man als Künstler auch in einer Diktatur dafür verantwortlich sei, die Kultur hochzuhalten.

Viele andere Intellektuelle, deren Herkunft oder kritische Haltung von den Nazis verurteilt wurden, flüchteten aus Deutschland. Mitglieder der studentischen Gruppe »Weiße Rose«, zu denen die Geschwister Sophie und Hans Scholl gehörten, wurden 1943 hingerichtet, weil sie mit Flugblättern und anderen Aktionen gegen die Nazi-Regierung protestierten.

Was hättest du getan? Hättest du Widerstand geleistet und dein Leben aufs Spiel gesetzt? Hättest du mitgemacht oder wärst du ausgewandert? Wärst du geblieben und hättest vielleicht heimlich dabei geholfen, Juden in Sicherheit zu bringen? Auf welcher Seite hättest du gestanden? Wärst du Opfer, Täter, Mitläufer, heimlicher oder aktiver Widerständler gewesen?

GEDANKENSPIEL:
KENNST DU DEINEN DUNKLEN KERN?

Jeder Mensch hat dunkle Seiten, darin sind sich tatsächlich die meisten Psychologen einig. Laut einigen Psychologen kann man den dunklen Kern einer Persönlichkeit sogar messen. Sie nennen ihn D-Faktor, wobei D für Dark steht. Dunkel ist jedes menschliche Verhalten, das moralisch, ethisch und sozial fragwürdig ist. Ganz allgemein ist mit D-Faktor gemeint, dass man immer wieder gezielt den eigenen Nutzen auf Kosten anderer verfolgt. Forscher unterscheiden dabei neun dunkle Eigenschaften, darunter Narzissmus (übergroßes Bedürfnis nach Selbstbestätigung), Machiavellismus (Manipulation anderer), Sadismus (das Empfinden von Lust beim Quälen anderer) und Psychopathie (die völlige Abwesenheit von Empathie, sodass man sprichwörtlich – und in schlimmen Fällen sogar wortwörtlich – über Leichen gehen würde, um zu bekommen, was man will).

Um herauszufinden, wie groß der eigene D-Faktor ist, haben drei Psychologen drei verschiedene Selbsttests entwickelt.

Traust du dich, den Test zu machen, um zu erfahren, wie groß dein dunkler Kern ist?

Zu finden auf qst.darkfactor.org

1961 reiste die deutsch-amerikanische Philosophin Hannah Arendt (1906–1975) nach Israel, um den Gerichtsprozess gegen den NS-Kriegsverbrecher Adolf Eichmann (1906–1962) zu beobachten. Der ehemalige SS-Obersturmbannführer war einer der Hauptorganisatoren für die Zwangsdeportierung der Juden aus ganz Europa. Während der gesamten Gerichtsverhandlung plädiert er auf »nicht schuldig«, da er nur auf Befehl und Anweisung seiner Vorgesetzten gehandelt habe. Er bezeichnete sich selbst als einen »NS-Schreibtischtäter«, ganz so als habe er mit den Ermordungen vor Ort gar nichts zu tun gehabt (was allerdings gelogen war und auch widerlegt werden konnte). Hanna Arendt kaufte ihm diese Selbstverharmlosung nicht ab. Sie nannte ihn einen gedankenlosen und realitätsfernen »Hanswurst«, der wie ein normaler Beamter seine Pflicht erfüllt habe. Sie sah in ihm einen nicht sehr mutigen und ziemlich feigen Durchschnittsmenschen, der die Bezeichnung »böses Monster« nicht ansatzweise verdient habe. Unter Eichmann sei das Vernichten von Millionen von Menschen zu einem bürokratischen Vorgang geworden, bei dem es vor allem um das alltägliche Verwalten von Zahlen und Befehlen gegangen sei. Moralische Fragen und faschistisches Denken hätten bei Eichmann eine untergeordnete Rolle gespielt. Ihrem Buch *Eichmann in Jerusalem* (1963) gab sie daher den Untertitel *Ein Bericht von der Banalität des Bösen*, wofür sie scharf kritisiert wurde. Man warf ihr vor, sie würde eines der größten Verbrechen an den europäischen Juden verharmlosen. In Wirklichkeit ging es Hannah Arendt aber darum, das Böse im Menschen besser zu verstehen, und zwar ohne es zu verherrlichen oder zu idealisieren. Auch die größten Kriegsverbrecher können durchschnittlich (oder sogar dumm) sein und einen »normalen« Alltag leben. Sie verhalten sich weder besonders bösartig noch schlau. Das »Böse« in oder an ihnen ist nicht besonders aufregend, intelligent oder erschreckend, sondern ziemlich alltäglich – und banal. Auch wenn sie für den Tod von Millionen von Kindern und unschuldigen Menschen mitverantwortlich sind. Hanna Arendt wollte dem Bösen so die Allmacht über ihre Opfer nehmen.

Am 27. Januar 1945 erreichten sowjetische Soldaten das Konzentrationslager Auschwitz-Birkenau und befreiten die Gefangenen aus dem größten Konzentrationslager, das die Nazis errichtet hatten. Der 27. Januar gilt als internationaler Holocaust-Gedenktag, um an die Opfer des Nationalsozialismus zu erinnern. Rechtsextreme reden in diesem Kontext manchmal von »Schuldkult« und sind der Auffassung, dass die Schuld der Deutschen zu stark betont werde. In Deutschland gibt es immer wieder Streit darüber, an was man sich wie erinnern soll. Allein das Wort »Schuldkult« ist allerdings irreführend und manipulativ. Denn es geht hier um Erinnerungskultur und um die gemeinsame Verantwortung dafür, dass so etwas nicht noch einmal passiert, nicht nur um »Schuld«.

GEDANKENSPIEL:
SCHULDKULT ODER VERANTWORTUNG?

Was meinst du: Sollten die positiven Seiten der deutschen Geschichte mehr betont werden? Sind der Zweite Weltkrieg und der Holocaust präsent genug und bräuchte es mehr positive Gedenktage?

Stell dir vor, es ist das Jahr 2120: Wird die Erinnerung an den Holocaust und an die Schreckensherrschaft der Nazis auch dann noch genauso wichtig sein wie heute oder kann man die Erinnerung irgendwann verblassen lassen, weil das alles schon sehr lange her ist? Wäre es gefährlich, wenn der Holocaust und die Nazizeit in Vergessenheit geraten, weil die Wahrscheinlichkeit damit steigt, dass sich die Geschichte wiederholt?

06. IN WELCHER
PARALLELWELT LEBST DU?

»Bougarach« ist ein Berg in Südfrankreich und ungefähr 1.230 Meter hoch. Eigentlich ist er ein ganz normaler Berg. Aber die zahlreichen Geschichten und Mythen um ihn führen dazu, dass immer wieder Menschen auf seine Spitze pilgern. Einige behaupten, dass dort UFOs gelandet sind, und können dies angeblich mit Videos belegen. Andere trafen sich Ende 2011 dort, weil sie davon überzeugt waren, hier den vom Maya-Kalender prophezeiten Weltuntergang am 21.12.2012 zu überleben. Die Maya sind eine Gruppe indigener Völker aus Mittelamerika, die dort bereits ca. 2.000 Jahre vor Chr. gelebt haben: Sie gelten als eine der ältesten Hochkulturen auf dem amerikanischen Kontinent, entwickelten unter anderem eine eigene Schrift, beobachteten die Sterne und hatten bereits ein Bewässerungssystem.

Auch Bielefeld ist eigentlich eine ziemlich normale mittelgroße Stadt in Deutschland. Trotzdem gibt es immer wieder Menschen, die scherzhaft daran zweifeln, dass Bielefeld überhaupt existiert: »Bielefeld gibt's doch gar nicht!« – 1994 stellte der Student Achim Held die Story um seine frei erfundene »Bielefeld-Verschwörung« erstmals ins Netz und legte dafür angebliche Belege vor. Natürlich war das Ganze als Witz gemeint, aber wenig später ging es viral. Bis heute wird die »Bielefeld-Verschwörung« von zahlreichen Internetseiten und Gruppen im Netz am Leben erhalten, obwohl die ursprüngliche Seite längst gelöscht ist (aber noch als Kopie durch das Netz kursiert).

Der Lust am Mysteriösen, Abwegigen und Absurden scheinen keine Grenzen gesetzt zu sein. Ob über Weltuntergänge, nicht existierende Städte, Area 51 oder die Anschläge vom 11. September auf das World Trade Center – es gibt unzählige Verschwörungstheorien zu allerlei Themen. Für jede, und sei sie noch so unrealistisch, finden sich Menschen, die sie glauben. Hast du dich auch schon einmal gefragt, ob die Mondlandung wirklich stattgefunden hat? Dann bist du auch

schon einer Verschwörungstheorie auf den Leim gegangen, die
bereits viele Menschen vor und nach dir be-
schäftigt und ins Grübeln gebracht hat. Einer Studie der Universität
Mainz aus dem Jahr 2016 zufolge glauben 17 Prozent der befragten
Deutschen, die Mondlandung der USA habe niemals stattgefunden.
Ganze 25 Prozent vermuten hinter Lady Dianas Tod ein Mordkom-
plott. Und 15 Prozent sind der Meinung, Ebola sei kein natürlich auf-
tretendes Virus, sondern ein Biowaffenprojekt der USA.

Die meisten Verschwörungstheorien, oder zumindest viele von
ihnen, sind eher harmlos. Aber es gibt auch solche, die ein gewisses
Aggressionspotenzial in sich tragen und Gewaltfantasien befördern
können. Einige bergen sogar eine Gefahr für die Demokratie. Denn
in jeder Verschwörungstheorie steckt auch eine Zerstörungsfantasie.
Und meistens richtet sich die Gewalt- oder Zerstörungsfantasie gegen
die freiheitliche demokratische Grundordnung. Das trifft vor allem
auf politische Verschwörungstheorien zu, weil sie extremistisches
Denken stärken. Zu den politisch gefährlichsten und bekanntesten
Verschwörungstheorien gehören zum Beispiel die »jüdische Weltver-
schwörung« und die Vorstellung einer »Lügenpresse«, die sich gegen
das Volk verschworen hat (vgl. hierzu Kapitel 1: LÜGEN).

Für eine Verschwörungstheorie gilt das Gleiche wie für eine extremistische Einstellung: Sie muss immer von mehreren geglaubt werden, um wirken zu können. Man könnte sich zwar auch eine eigene
Theorie basteln, an die man dann allein für sich glaubt, aber dann
ist sie auch nicht über die eigene Garage hinaus relevant und bleibt
harmlos. Es geht aber auch anders.

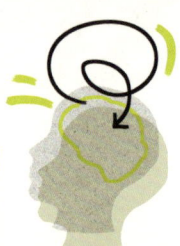

GEDANKENSPRUNG: IST DEUTSCHLAND EINE GMBH?

Sie nennen sich »Reichsbürger« und laut ihrer Verschwörungstheorie existiert das Deutsche Reich aus den 30er-Jahren immer noch. Das heißt, für sie verlaufen Deutschlands Grenzen wie im Jahr 1937, als die nationalsozialistische Herrschaft im Deutschen Reich fest verankert war. Reichsbürger sind der Meinung, dass die Bundesrepublik Deutschland eine GmbH ist und die amtierende Kanzlerin ihre Geschäftsführerin. Viele Reichsbürger bezweifeln außerdem, dass Deutschland ein souveräner, also eigenständiger, Staat ist. Deutschland werde von den USA ferngesteuert oder anders ausgedrückt: Die BRD ist eine Marionette der USA. Darüber hinaus erkennen viele Reichsbürger das Grundgesetz nicht als gültige Verfassung an. Im Jahr 2018 lebten ca. 19.000 registrierte Reichsbürger in Deutschland (die sich allerdings in sehr unterschiedliche Gruppierungen unterteilen). Ein ganz praktischer Vorteil ihrer Parallelwelt ist, dass sie sich offiziell weigern dürfen, Steuern zu zahlen. Denn wenn der deutsche Staat nicht existiert, dann gilt auch das Steuerrecht nicht. Ist es wirklich so einfach? Das Satiremagazin Extra 3 brachte es einmal mit den Worten auf den Punkt: »Reichsbürger, die am Tag der Deutschen Einheit frei haben, stimmen den AGB der Deutschland GmbH zu.

GEDANKENSPIEL: VERBOTENE SYMBOLE?

Viele Symbole der Nazis sind in Deutschland verboten, wie z. B. das Hakenkreuz, aber auch bestimmte Worte und typische Nazi-Parolen verwendet man heute weitestgehend nicht mehr (»Die Wahrheit siegt« oder »Klagt nicht, kämpft«). Trotzdem hat die rechtsextreme Szene natürlich ihre Symbole und Zeichen. Denn wie jede Community und Szene organisiert auch sie die Zugehörigkeit ihrer Mitglieder mit der Hilfe von Symbolen, Zahlen und Markenklamotten: Geballte Faust, Schwarze Sonne, Totenkopf, die Zahlencodes 18 und 88 und die Modelabels Thor Steinar, Masterrace und Rizist.

Recherchiere diese Dinge und achte im Alltag mal darauf, ob du sie in deinem Umfeld irgendwo entdeckst und wiedererkennst!

GEDANKENSPIEL: MAN WIRD JA WOHL NOCH (HINTER-)FRAGEN DÜRFEN!

Manche Verschwörungstheorien klingen so skurril und unglaubwürdig, dass man sich fragen muss, ob ihre Anhänger die Theorien wirklich wortwörtlich und jede These komplett ernst nehmen. Möglicherweise geht es ihnen aber auch gar nicht um den genauen Wahrheitsgehalt der Theorie, es geht vielmehr um die Lust, alles zu hinterfragen, was man sonst aus Gewohnheit, Unwissenheit oder Bequemlichkeit einfach so hingenommen hätte. Zum Beispiel die Anhänger der sogenannten Chemtrail-Theorie: Angeblich versprühen Flugzeuge im Auftrag von Staaten Chemikalien, um Wetter und Klima zu ändern, um Menschen zu vergiften oder um anderweitig das Weltgeschehen zu beeinflussen. Als Beweis dafür werden immer wieder die Kondensstreifen am Himmel genannt (die ja auch wirklich existieren, allerdings enthalten sie weder Gift noch Chemikalien). Manche Anhänger der Chemtrail-Theorie erklären sich damit so komplexe Phänomene wie das globale Insektensterben, die Krankheit Alzheimer oder den Klimawandel. Auch hier sind die dazugehörigen Thesen widersprüchlich: Einerseits sollen Chemtrails die Ursache für den Klimawandel sein, andererseits sollen sie eingesetzt werden, um den Klimawandel abzuschwächen. Dass sie mit beiden Annahmen allen wissenschaftlich anerkannten Theorien und Erkenntnissen widersprechen, interessiert die meisten Anhänger der Chemtrail-Theorie nicht. Sie fühlen sich sogar in ihrer Ansicht bestätigt, weil sie glauben, dass führende Wissenschaftler*innen mit den Verschwörern unter einer Decke stecken.

Was meinst du: Glaubt wirklich jeder Anhänger und Verbreiter der Chemtrail-Theorie an alles, was in diesem Zusammenhang behauptet wird? Oder könnte es auch Leute geben, die diese Verschwörungstheorie gezielt für ihre Interessen nutzen? Denn nicht Chemtrails, sondern ganz normale Flugzeugabgase, CO_2-Produktion, Umweltverschmutzung, Atomkraftwerke, Kriege und Klimawandel sind ernsthafte Herausforderungen unserer Zeit. Soll eine gut organisierte Chemtrail-Debatte möglicherweise genau davon ablenken? Ist am Ende also nicht nur wichtig, was eine Verschwörungstheorie behauptet, sondern zu welchem Zweck sie eingesetzt werden kann, zum Beispiel um wissenschaftliche Erkenntnisse und anerkannte Fakten infrage zu stellen?

07. WEM NÜTZT EINE THEORIE?

Warum glauben so viele Menschen an Verschwörungstheorien? Wie können sie sich über Generationen hinweg halten und über Landesgrenzen hinaus verbreiten, obwohl es keine Beweise für sie gibt? Forscher sehen einen wichtigen Grund darin, dass Menschen nicht nur rational denken, sondern auch zu »Magischem Denken«, also Aberglauben neigen, um sich Sachverhalte, die sie nicht verstehen, erklären zu können. Wenn sie physische Gesetz nicht greifen können, stecken eben Hexen, Geister oder Kobolde hinter schlechtem Wetter, Krankheiten usw. Auch Verschwörungstheorien liegt häufig eine besondere Art »Magisches Denken« zugrunde.

> *LAUT DEM US-AMERIKANISCHEN POLITIKWISSENSCHAFTLER MICHAEL BARKUN ZEICHNEN SICH VERSCHWÖRUNGSTHEORIEN DURCH FOLGENDE DREI GRUNDANNAHMEN AUS:*
>
> *1. Nichts geschieht durch Zufall.*
>
> *2. Nichts ist, wie es scheint.*
>
> *3. Alles ist miteinander verbunden.*

Tatsächlich lassen sich fast alle Verschwörungstheorien damit erfassen, sei es die Mondlandung, der »Große Austausch«, der Tod von Lady Diana (1961–1997, Mutter von Prinz William und Harry, kurz auch Lady Di genannt) oder die Vorstellungen der Reichsbürger. Auch der Amerikanist Michael Butter meint, dass alle Verschwörungstheorien nach dem gleichen Schema ablaufen: Die Welt werde in Gut und Böse eingeteilt und meist stecke hinter der Verschwörung eine unsichtbare Macht (z. B. eine globale und reiche Finanz-Eilte), die angeblich im Hintergrund die Fäden ziehe. In allen Fällen werde ein geheimer Plan verfolgt. In diesem verschwörerischen Plan geschieht dann nichts durch Zufall und alles ist in Wirklichkeit anders, als es erscheint bzw. erscheinen soll. Letztlich handelt es sich um eine perfekte und in sich geschlossene Inszenierung, bei der alles mit allem zusammenhängt. Das heißt mit anderen Worten: In einer Verschwörungstheorie ergibt alles Sinn! Genau das ist auch ein Grund, warum sie so gut funktionieren. Man hat mit relativ wenig Aufwand eine einfache Antwort und Erklärung für vieles, das auf der Welt passiert (und eigentlich sehr viel komplexer ist). Verschwörungstheorien bieten also zweierlei: Erstens geben sie Sinn und Halt im Leben und zweitens suggerieren sie das Gefühl von Kontrolle. Denn wenn man einmal alles durchschaut hat, versetzt einen das in eine klare und überlegene Position. Denn man selbst gehört jetzt nicht mehr zur Masse der Getäuschten, die auf die Verschwörung reinfallen. Man ist im Besitz der Wahrheit und darf sich deswegen auserwählt fühlen, weil nicht viele das Privileg genießen, diesen Durchblick zu haben. Besonders Menschen, die viel Angst und Verunsicherung in ihrem Alltag erleben (z. B. weil ihre Arbeitsplätze gefährdet sind, weil sie Angst vor der Globalisierung oder vor zu vielen Zuwanderern haben, aber auch wegen Erkrankungen und privater Konflikte wie Scheidungen und Trennungen), können sich auf diese Weise ein wenig Kontrolle zurückerobern.

Wie aber unterscheidet man eine Verschwörungstheorie von einer echten Theorie? Um zu erkennen, ob es sich um eine echte Theorie handelt oder um eine Verschwörungstheorie, fragt man sich am besten cui bono?, sprich: Wem nützt es? Wessen Interessen werden mit ihr bedient? Auch Expertinnen und Experten sollte man in diesem Zusammenhang hinterfragen und auf ihren Status überprüfen, denn es ist typisch für Verschwörungstheoretikerinnen und -theoretiker, sich auf vermeintlich wissenschaftliche Belege im Netz zu berufen. Daher sollte man im Gespräch auch nach den genauen Quellen fragen, auf die sich Verschwörungstheoretiker beziehen, und diese dann prüfen. Zu guter Letzt kann natürlich auch ein wenig Selbstdenken nicht schaden!

08. WIESO HABEN WIR ANGST VOR HORROR-CLOWNS?

Hast du dich schon mal gefragt, warum Menschen weltweit in Konflikt miteinander stehen, und sich so schwer damit tun, dauerhaft friedlich zusammenzuleben? Der amerikanische Politikwissenschaftler Samuel P. Huntington (1927–2008) formulierte hierzu ein paar aufsehenerregende Thesen. In seinem Buch Kampf der Kulturen (1996) behauptete er, dass sich die großen Kulturen der Welt in einem Kampf befänden. Er hatte dabei vor allem die chinesische, hinduistische und islamische Kultur im Sinn. Diese drei aufsteigenden Mächte hätten das Potenzial, die Weltordnung zu verändern, und wären somit eine Gefahr für die Vormachtstellung des Westens und seiner Kultur (womit er die USA und Europa meinte).

Nach dem Scheitern der großen politischen Systeme »Faschismus« und »Kommunismus« seien es nun die Kulturen und vor allem die Religionen, die das Weltgeschehen am meisten beeinflussten. Mit dem Ende des Zweiten Weltkriegs seien im Westen erst die Diktaturen gescheitert. Danach sei mit dem Zusammenbruch der russischen Sowjetunion auch der Kommunismus aus der Welt verschwunden. Zumindest im Westen würde doch niemand mehr auf die Idee kommen, eine faschistische oder kommunistische Diktatur zu errichten, so Huntington. Es wurde viel diskutiert, ob man in den Anschlägen vom 11. September in New York und dem Attentat auf die Redaktion des Satiremagazins Charlie Hebdo eine Bestätigung dieser These sehen könnte. Beide Anschläge könnte man als gewaltsame Angriffe auf die westliche Kultur bezeichnen und daraus den Schluss ziehen: Die muslimische und christliche Kultur befinden sich tatsächlich in einem globalen Kampf. Allerdings übersieht man hier, dass es sich gar nicht um die gesamte muslimische Kultur handelt, sondern um einige islamistische Terrororganisationen, die der sogenannten »freien Welt« des Westens den Krieg erklärt haben. Außerdem macht man es sich viel zu einfach, wenn man die westliche und die islamische Welt als zwei getrennte Kulturen ansieht. Denn erstens ist weder die islamische noch die westliche Welt eine für sich genommene einheitliche Kultur. Es gibt viele unterschiedliche Länder und Kulturen in beiden Welten und nicht alle haben identische politische Ziele oder wollen das Gleiche. Zweitens ist die islamische Kultur längst ein Teil der westlichen Welt und auch die islamischen Länder sind nicht unabhängig von Einflüssen der westlichen Kultur. Ferner gibt es auch innerhalb einer Kultur Konflikte, die rein gar nichts mit »anderen« Kulturen oder mit Religion zu tun haben. Nicht jeder Konflikt lässt sich auf religiöse oder kulturelle Motive zurückführen. Häufig ist es doch komplizierter, oft geht es auch um Macht, Geld, politische Interessen und um komplexe Verstrickungen, die eine lange und vielschichtige Vorgeschichte haben. In Wirklichkeit ist die Weltlage also nicht ganz so eindeutig und der »Kampf der Kulturen« keine befriedigende Erklärung dafür, warum es so viele Konflikte gibt. Viel naheliegender ist, dass Konfliktbereitschaft und Aggression in der Natur des Menschen liegen und die menschliche Zivilisation zerbrechlicher ist, als wir oftmals glauben wollen.

Der Psychoanalytiker Sigmund Freud (1886–1939) sah eine der Hauptursachen für Konflikte in der menschlichen Kultur. In seiner Schrift *Das Unbehagen in der Kultur* (1930) stellt er folgende Thesen auf: Das Zusammenleben innerhalb einer kulturellen Gemeinschaft zwinge jeden Menschen dazu, seine sexuellen und aggressiven Triebe zu einem gewissen Grad zu unterdrücken. In anderen Worten, damit das Zusammenleben gelingt, muss sich jeder den gesellschaftlichen Regeln anpassen. Dabei hat jede Kultur die Eigenart, sich zu vergrößern und zu wachsen. Durch diese Entwicklung, so Freud, werde jeder Einzelne in der Befriedigung seiner sexuellen und aggressiven Triebe eingeschränkt. Das wiederum führe dazu, dass sich ein Teil der Aggressionen in Schuldgefühle verwandle. Mit Schuldgefühlen lebt es sich allerdings nicht sehr gut, vor allem, wenn sie nicht einmal persönlich verschuldet sind, sondern aus den Umständen des Zusammenlebens entstehen. Genau darin sah Freud einen wesentlichen Grund für das wachsende Unbehagen in der menschlichen Kultur.

Und nun kommen wir endlich zur eingangs gestellten Frage: Vielleicht verkörpert der Horror-Clown genau dieses Unbehagen und die Angst vor dem Un-heimlichen in der menschlichen Kultur. Un-heimlich ist hier als das Gegenteil von heimlich, heimisch zu verstehen; das Fremde, etwas, dass wir nicht kennen und das uns deswegen nicht behagt. Eigentlich soll der Clown witzig sein und Menschen zum Lachen zu bringen. Im Krankenhaus werden Clowns sogar eingesetzt, um kranken Kindern eine Freude zu machen und sie abzulenken. Der Clown steht also zunächst für die hellen und positiven Seiten der Kultur, für Freude, Spaß und Unterhaltung. Ein uneingeschränkt positiver Spaßmacher war der Clown aber nie. Coulrophobie nennt man die weit verbreitete Angst vor dem Clown. Mit dem Horror-Clown in Stephen Kings Roman *Es* (1986) und dessen Verfilmung (1990) wurde sie zum Massenphänomen. Sein Lachen wirkt nicht nur gruselig, es zeigt die potenzielle Konflikt- und Gewaltbereitschaft im Menschen. Beobachten kann man diesen Effekt und seine Wirkung zum Beispiel im Deutschen Bundestag und in Polit-Talkshows, wenn sich Politiker aus unterschiedlichen Lagern gegenseitig auslachen und öffentlich verhöhnen. Die AfD-Politikerin Alice Weidel hat das spöttische Grinsen sogar zu ihrem Markenzeichen gemacht. Der Horror-Clown ist ein Symbol für die dunkle Seite der Zivilisation und löst bis heute Angst und Schrecken aus. In seinem Gesicht erkennt man: Hass und Aggression können jederzeit ausbrechen. Unter der friedlichen Oberfläche der Kultur brodelt es permanent und hinter der Maske verbirgt sich häufig viel mehr, als man erahnen kann. Der Horror-Clown verkörpert die unkontrollierbare, unberechenbare und unheimliche Gewaltbereitschaft des Menschen, die schon Sigmund Freud als »Unbehagen in der Kultur« bezeichnet hatte.

GEDANKENSPIEL: WELCHE MASKE TRÄGST DU?

Der französische Philosoph Jean-Jacques Rousseau (1712–1778) verzweifelte am sogenannten Maskenspiel der Menschen. Sobald Menschen in Gesellschaft leben, meint Rousseau, tragen sie Masken, um ihre wahres Selbst und ihre Menschlichkeit dahinter zu verstecken.

- Hat jeder Mensch eine oder sogar mehrere Masken?

- In welcher Situation ist eine Maske nützlich und gut?

- Wann kann es sinnvoll sein, seine Maske abzulegen?

- Kann man als Mensch seine Maske überhaupt vollständig abnehmen?

- Ist es Zufall, dass uns einige Politiker vielleicht an Clowns erinnern?

- Eignet sich die Clownsmaske besonders gut als Metapher für Politiker, weil sie ihre wahren Gefühle dahinter nicht zeigen müssen?

- Liegt es an ihrem besonderen Maskenspiel, dass manche Politiker gleichzeitig unterhaltsam, faszinierend und beängstigend wirken können?

GEDANKENSPIEL: IST KULTUR BARBARISCH?

»Nach Auschwitz ein Gedicht zu schreiben, ist barbarisch«, hat der Philosoph Theodor W. Adorno in einem Aufsatz von 1951 geschrieben. Wie viele andere verzweifelte er damals am größten »Zivilisationsbruch« in der deutschen Geschichte, den niemand hatte verhindern können. Welche Bedeutung haben Kunst und Kultur im Anbetracht dieser Katastrophe? Wird dadurch nicht alles menschliche Handeln sinn- und bedeutungslos? Adorno war überzeugt davon, dass Kultur immer wieder in Barbarei umkippen kann.

Was glaubst du: Hat er recht? Wäre auch heute oder in Zukunft ein vergleichbarer Zivilisationsbruch wie der Holocaust in Deutschland und Europa wieder möglich? Oder liegt das »Unbehagen in der Kultur« grundsätzlich daran, dass es keine absolute Sicherheit und Garantie für Frieden gibt? Könnte die Demokratie auch heute wieder enden?

Immer wieder gibt es neue Hashtags, die auf Hass in der Gesellschaft reagieren und ihm etwas entgegensetzen wollen. Im September 2016 wurde die Facebook-Gruppe »Ich bin hier« gegründet, die unter dem Hashtag #ichbinhier die Diskussionskultur auf Facebook aktiv verbessern will. Die Gruppenmitglieder identifizieren Kommentare und Beiträge, die Beleidigungen und Hate-Speech enthalten. Es geht ihnen um die Stärkung eines sachlichen und respektvollen Umgangs miteinander. Ein weiteres Beispiel: Als Antwort auf gewalttätige Ausschreitungen von Rechtsextremen in Chemnitz wurde 2018 ein Konzert mit dem Motto »Wir sind mehr« organisiert. In der Folge hat sich der Hashtag #wirsindmehr in den sozialen Netzwerken verbreitet, als Statement für die demokratischen Grundwerte und gegen Hetze und Hass. Auch die Aktion »Je suis Charlie« wurde bereits am selben Abend der Anschläge in Paris am 7. Januar 2015 ausgerufen. Unter dem Hashtag #jesuischarlie hat sich bis heute eine internationale Gemeinschaft mit den Opfern der Anschläge solidarisiert.

GEDANKENSPIEL: MIT HASHTAGS GEGEN DEN HASS?

#ichbinhier, #wirsindmehr, #metoo und #jesuischarlie: All diesen Aktionen ist gemeinsam, dass sie sich für etwas einsetzen und nicht nur gegen etwas sind.

Wie würdest du dich gegen Hass und für ein friedlicheres Miteinander engagieren? Findest du einen Hashtag ausreichend? Fällt dir spontan ein bisher noch nicht ausreichend diskutiertes Thema oder ein Ereignis ein, dass einen Hashtag verdient?

Im Jahr 2017 entstand aus dem Hashtag #metoo eine ebenfalls weltweite Bewegung. Zunächst wurden Frauen dazu aufgerufen, über ihre Erfahrungen mit sexualisierter Gewalt zu berichten (einige Männer folgten diesem Aufruf übrigens auch). Vor allem die US-amerikanische Schauspielerin Alyssa Milano (bekannt aus der Serie Charmed – Zauberhafte Hexen) half dabei, den Hashtag #metoo 2017 zu verbreiten. Schon lange vorher, im Jahr 2006, hatte die Frauenrechtlerin Tarana Burke #metoo auf der Plattform MySpace ins Leben gerufen. Aber erst als prominente Persönlichkeiten wie Alyssa Milano auf #metoo aufmerksam machten und erst als bekannte Personen aus der Filmbranche beschuldigt wurden, entwickelte sich daraus eine globale Bewegung. Einer der ersten und bekanntesten Beschuldigten war der Filmproduzent Harvey Weinstein, der 2020 wegen sexueller Übergriffe und wegen Vergewaltigung verurteilt wurde. Der Schauspieler Kevin Spacey verlor 2017 seine Hauptrolle in der Serie *House of Cards* und wurde ebenso angeklagt (das Gerichtsverfahren gegen ihn wurde 2019 allerdings wegen mangelnder Beweise eingestellt). Was in der Filmbranche begann, einer bis heute von Männern dominierten Branche, breitete sich auch in anderen Bereichen und Milieus der Gesellschaft aus. Seitdem trauen sich immer mehr Frauen, über ihre Belästigungserfahrungen zu sprechen. Die Bewegung ermutigt sie dazu, auch ein »simples Gegrapsche« zur Anzeige zu bringen. Sexuelle Belästigungsvorwürfe wurden bis dahin meist erst dann ernst genommen, wenn der Verdacht auf Vergewaltigung bestand. Die #metoo-Bewegung ist für viele eine der wichtigsten Reaktionen auf sexuelle Belästigung seit den Anfängen der Frauenbewegung im 18. Jahrhundert. Bereits 1791 verfasste die französische Revolutionärin Olympe de Gouges (1748–1793) die *Erklärung der Rechte der Frau und Bürgerin*, weil Frauen in der allgemeinen Erklärung der Menschen- und Bürgerrechte von 1789 nicht vorkamen! Von hier bis #metoo war es ein langer Weg. (vgl. hierzu auch noch einmal die Initiative »Trau dich!« der Bundesregierung zur Bekämpfung von sexuellem Missbrauch von Kindern und Jugendlichen: https://www.trau-dich.de/deine-rechte/)

KAPITEL 05
MANIPULIEREN

01. WIE LEICHT LÄSST DU DICH MANIPULIEREN?
- **Gedankenspiel:** Ist es Manipulation, wenn …
- **Gedankenspiel:** Bist du ein guter Manipulator?

02. KÖNNEN WIR UNSER VERHALTEN BEEINFLUSSEN?
- **Gedankensprung:** Legen Hennen das ganze Jahr Eier?
- **Gedankenspiel:** Am Frühstückstisch die Welt retten?
- **Gedankenspiel:** Manipulieren als Beruf?

03. WIE TÄUSCHEN UND MANIPULIEREN POPULISTEN?
- **Gedankensprung:** Bedeutet Einfluss Macht über andere?
- **Gedankenspiel:** Chance oder Gefahr?
- **Gedankensprung:** Brauchen wir charismatische Anführer*innen?

04. WARUM FALLEN WIR AUF FAKE NEWS REIN?
- **Gedankensprung:** Wird die Welt immer schlechter?

05. KANN MAN WAHLEN MANIPULIEREN?
- **Gedankensprung:** Brauchen wir mehr Lügendetektoren?
- **Gedankenspiel:** Manipulieren Worte unsere Wahrnehmung?
- **Gedankenspiel:** Ist alles relevant, was Politiker sagen?

01. WIE LEICHT LÄSST DU DICH MANIPULIEREN?

Kennst du das? Jemand redet so lange auf dich ein, bis du gar nicht mehr weißt, worum es eigentlich geht oder was du selbst möchtest. Ob es um eine Serie geht, die du unbedingt schauen müsstest, etwas, das du dringend kaufen solltest, oder um die Meinung zu einem bestimmten Thema. Natürlich kann dahinter einfach nur ein gut gemeinter Tipp stecken oder aber die andere Person ist eine chronische Labertasche. Trotzdem kann es manchmal ganz schön anstrengend und verwirrend sein, wenn man mit so vielen Informationen zugeschüttet wird. Und ehe man sich versieht, hat man etwas gesagt, getan oder gekauft, was man eigentlich gar nicht so richtig wollte. Ist das schon Manipulation?

Auch unter Verkäufern ist dies eine beliebte Strategie: Man versucht den Kunden in ein Gespräch zu verwickeln und überhäuft ihn mit verschiedensten Informationen, ohne zwischen den wichtigen und den nicht relevanten zu unterscheiden, um ihn von einem Produkt oder einer unterstützenswerten Sache zu überzeugen. Manche setzen dabei auf ein freundliches Dominanzverhalten, indem sie dem Kunden kaum Zeit zum Nachdenken lassen und ihn dann zum Kauf drängen. Besonders unentschlossenen Kunden kann man damit sogar die Entscheidung erleichtern. Ein »guter« Verkäufer hingegen bietet vor allem Beratung und Orientierung beim Kauf eines Produkts. Aber ab wann gilt das als Manipulation?

Die Kunst des Verkaufens besteht darin, die Persönlichkeit des Kunden zu erkennen und ihm dementsprechend ein gutes Gefühl und die passenden Argumente zu liefern. Eine Manipulation ist es nur dann, wenn der Verkäufer nicht mehr im Interesse des Kunden handelt. Wenn es also nur noch darum geht, etwas zu verkaufen. Ganz egal, ob der Kunde das überhaupt braucht oder haben will! Gute Verkäufer sind Menschenkenner mit einer verantwortungsvollen Aufgabe. Sie müssen immer wieder von Neuem entscheiden, ob sie im Interesse des Kunden handeln oder einfach nur ein Produkt an den Mann (oder die Frau) bringen wollen. Genau darin wiederum liegt die hohe Kunst der Manipulation: Man setzt sein eigenes Interesse durch und bringt andere dazu, sich nach den eigenen Regeln zu verhalten und zwar ohne dass sie es bemerken. In der Psychologie spricht man hier daher auch von Regelsetzern. Das sind Menschen, die immer wieder Erwartungen formulieren, wie andere sich zu verhalten haben. »Ruf mich heute Abend an!«, »Wir kochen jetzt Spaghetti« oder »Wir treffen uns um 15 Uhr bei mir«. So harmlos es auch klingen mag, immer wollen Regelsetzer, dass es nach ihrer Nase läuft. Daher erkennt man sie auch besonders gut daran, dass sie schnell sauer sind, wenn andere sich nicht an ihre Regeln halten. Oder sie reagieren eingeschnappt, wenn andere bestimmen wollen.

GEDANKENSPIEL: IST ES MANIPULATION, WENN ...

... eine gute Freundin dich darum bittet, den Abend mit ihr zu verbringen, statt zu einer Party zu gehen, zu der sie nicht eingeladen ist?

... ein Freund beleidigt reagiert, weil du nur ein paar Minuten zu spät zur Verabredung kommst?

... jemand aggressiv wird und droht, weil ihm etwas nicht passt?

... deine Freunde nichts mehr mit dir zu tun haben wollen, weil du einen neuen Freund hast, den sie nicht mögen?

... deine Eltern so lange einen Wunsch von dir hinterfragen, bis du gar nicht mehr weißt, ob du es dir noch wünschst?

... eine Person sich meist cool, distanziert und desinteressiert anderen gegenüber zeigt?

... jemand immer wieder schlecht über eine dritte Person redet?

... jemand immer wieder anfängt zu weinen oder schmollt, sobald er kritisiert wird?

... eine Lehrerin immer wieder die gleiche Person lobt oder kritisiert?

GEDANKENSPIEL:
BIST DU EIN GUTER MANIPULATOR?

Einige Menschen sind ziemlich gut im Regelsetzer-Spiel: Du erkennst sie daran, dass sie immer bestimmen wollen, was getan oder gesagt wird! Manipulativ ist es meist dann, wenn man die Interessen anderer nicht mehr berücksichtigt.

• Das Distanz-Spiel: Das sind diejenigen, die immer distanziert und »cool« wirken und zu denen man einfach keinen emotionalen Draht bekommt. Entweder sind sie wirklich »indifferent« oder sie nutzen die Distanz als manipulative Strategie. Indem sie andere nicht anschauen und keinen Kontakt zulassen, verunsichern sie ihr Gegenüber und stellen sich über sie. Damit gewinnen sie häufig Macht über andere!

• Das Mords-Molly-Spiel: Damit sind Angeber gemeint, die durchgehend prahlen. Wer ständig angibt, ist nicht nur anstrengend, sondern auch manipulativ, denn alle anderen können da meist nicht mehr mithalten.

• Das Blöd-Spiel beherrscht fast jeder. Man stellt sich dumm und sagt Dinge wie »Du kannst das viel besser als ich« oder »Ne, also das schaffe ich niemals!«. Seine Schwächen kennen und benennen zu können ist gut, aber sie zu benutzen oder sogar übertreiben, um Dinge nicht machen zu müssen, ist manipulativ.

• Das Armes-Schwein-Spiel: Permanent gibt man sich als Opfer und klagt darüber, wie viel Pech man hat. Man zerfließt förmlich in Selbstmitleid. Selbstverständlich hat jeder mal Pech im Leben und es gibt auch ungerechte Situationen, für die wir nichts können. Wer aber immer wieder den Umständen die Schuld gibt und sich selbst als Opfer inszeniert, will wahrscheinlich eher Mitleid und Aufmerksamkeit – oder vielleicht eine Sonderbehandlung.

• Sehr verbreitet ist das Läster-Spiel: Man manipuliert sein Umfeld, indem man besonders schlecht über eine dritte Person redet. Damit verändert man den Eindruck, den andere von dieser Person haben. Man schadet also nicht nur der dritten Person, sondern man will dadurch meist auch die Wahrnehmung anderer beeinflussen.

Erkennst du dich selbst oder andere hier wieder?

02. KÖNNEN WIR UNSER VERHALTEN BEEINFLUSSEN?

Es ist Sommer, 28 Grad im Schatten und fast alle um dich herum essen genüsslich ein Eis. Je mehr Menschen du mit einem Eis in der Hand siehst, desto höher wird die Wahrscheinlichkeit, dass du dir auch eins holst. Kannst du dich daran erinnern, wie Eisessen für dich als Kind war? Wie dein allererstes Eis geschmeckt hat? Wie sehr man damals unbedingt ein Eis haben wollte und wie wütend man werden konnte, wenn die Eltern es einem nicht erlaubt haben? Besonders kleine Kinder neigen dazu, alles anfassen oder haben zu wollen, was sie sehen und interessant finden (oder was ihnen gut schmeckt). Erwachsene sind in dieser Hinsicht allerdings häufig nicht viel anders. Wer unbedingt etwas haben will, beeinflusst oder manipuliert andere so, dass er bekommt, was er will. Manipulation muss nicht immer schlecht sein oder aus einer fiesen, bösartigen Absicht heraus geschehen.

»Man kann nicht nicht kommunizieren«, schrieb einmal der Kommunikationswissenschaftler und Psychologe Paul Watzlawick (1921–2007). Gemeint ist damit, dass wir jederzeit kommunizieren, ob nun verbal oder nonverbal, also mit Worten oder mit Blicken und unserer Körpersprache. Man kann zwar andere ignorieren oder ihnen verdeutlichen, dass man nichts mit ihnen zu tun haben will, aber selbst wenn wir gar nichts sagen oder uns zurückziehen, dann ist das laut Watzlawick Kommunikation. Denn es hat Einfluss auf die Beziehung zur ignorierten Person. Ähnlich verhält es sich mit dem Beeinflussen: Wir können gar nicht anders als uns gegenseitig zu beeinflussen. Alles was ich tue, sage und mache, hat eine Wirkung auf mein Umfeld und umgekehrt wird man selbst auch ständig davon beeinflusst, was andere machen und was in der Welt um einen herum passiert. Nicht, dass man nicht trotzdem frei wäre, das zu tun, was man will (meistens zumindest!), und dadurch keine eigene Meinung mehr haben könnte. Aber Psychologen und Soziologen weisen immer wieder darauf hin, dass unser Umfeld und äußere Faktoren beeinflussen, was man gut oder schlecht findet, für welche Serien und Hobbys man sich interessiert und was man einkauft. Sprich, vor allem Geschmack und Konsum – also Vorlieben für bestimmte Produkte – sind nicht einfach angeboren, sondern sie entstehen erst in der Auseinandersetzung mit dem Umfeld und der Gesellschaft.

Wenn du das nächste Mal durch einen Supermarkt gehst, achte mal darauf, welche Musik im Hintergrund läuft. Tatsächlich wird die Auswahl nicht dem Zufall überlassen. Denn Kunden, die sich wohl fühlen, bleiben länger im Supermarkt und kaufen mehr. Daher wird in der Regel beliebte Pop-Musik gespielt, die auch im Radio rauf- und runterläuft. Sie soll für gute Stimmung sorgen und dadurch die Kauflaune steigern. Ist dir schon mal aufgefallen, dass die teuren Markenprodukte meist auf Griff- und Augenhöhe stehen und die günstigen Sachen fast immer ganz unten im Regal liegen? Auch kein Zufall. Denn schon die Anordnung soll dic Käufer dazu bringen, vor allem nach den vermeintlich besseren und teuren Produkten zu greifen. Das Gleiche gilt für die sogenannte Quengelware an der Kasse: Mit Süßigkeiten sollen vor allem die Kinder, die in der Warteschlange ungeduldig werden, angesprochen werden. Aber auch Kleinigkeiten wie Kaugummis, Pfefferminzbonbons und vermeintliche Sonderangebote liegen kurz vor der Kasse aus und laden zum Schnell-mal-Mitnehmen ein.

Die meisten Supermärkte funktionieren nach einem ausgeklügelten System, über das sich viele intelligente Köpfe und Wissenschaftler den Kopf zerbrochen haben. Mit der Hilfe von psychologischen Studien wird immer wieder getestet, auf welche Reize das menschliche Gehirn am besten reagiert und wie man dadurch möglichst viel verkaufen kann. In der Wissenschaft hat sich im 21. Jahrhundert ein neuer Bereich hierfür entwickelt, das sogenannte Neuromarketing. Man versucht zu verstehen, wie Kaufentscheidungen im Gehirn gefällt werden und welche Werbemaßnahmen am besten funktionieren. 2002 hatte ein Vergleich zwischen Pepsi und Coca-Cola ergeben, dass Cola mehr Bereiche im Gehirn anregt als Pepsi. Die meisten Experten des Neuromarketing sind sich einig: Was wir kaufen, das wird meist unbewusst und vor allem emotional entschieden. Selbst wenn wir bewusst und rational über etwas nachdenken, werden wir durch Emotionen und äußere Reize beeinflusst.

Das ahnt die Werbebranche schon seit über 100 Jahren und daher arbeitet man auch in der Werbung aktiv mit Beeinflussung. Ein ganzer Industriezweig ist damit beschäftigt, mit Bildern, Farben, Gerüchen, unterschiedlichen Geschmackssorten und Verpackungen, möglichst viele Menschen zu verführen. Die wichtigste Strategie von Werbung besteht darin, bestimmte menschliche Bedürfnisse anzusprechen. Werbeprofis wissen, dass sich fast jeder Konsument nach Zugehörigkeit, Glück, Erfolg, Selbstverwirklichung, Freiheit oder Sicherheit sehnt. Daher wird bei Verpackung und Vermarktung darauf geachtet, dass sich die Geschichte des Produkts um diese Themen drehen. Bei jedem Kauf befriedigt man immer auch ein Bedürfnis, eine Sehnsucht und eine bestimmte Vorstellung von Glück. Das meinen die Neuromarketing-Experten damit, wenn sie behaupten, dass jede Kaufentscheidung emotional ist. Deswegen sind manche Menschen so gut gelaunt, wenn sie einkaufen waren. Man spricht ja auch nicht umsonst von einem Kaufrausch. Man ist berauscht von dem Gefühl, das man zum Produkt dazubekommt. Das Ganze funktioniert übrigens auch online. So wie der Like-Button bei Facebook ein positives

Gefühl im Gehirn auslöst – egal, ob man nun Likes erhält oder verteilt –, genauso regt das Kaufen die Ausschüttung von Glückshormonen an. Und ja, Kaufen kann süchtig machen; Kaufsucht ist ein anerkanntes Krankheitsbild.

Auch in der Politik spielt die Beeinflussung von Menschen eine große Rolle. Es gibt eine eigene Theorie namens »Nudging«, mit der man versucht, Menschen durch Anreize dazu zu bringen, etwas zu tun. Der US-amerikanische Verhaltensökonom Richard Thaler und der Jurist Dass Sunstein haben 2008 ihr Buch *Nudge: Wie man kluge Entscheidungen anstößt* veröffentlicht. Die Idee dahinter ist: Eigentlich wollen alle Menschen gut sein und etwas für sich und für die Umwelt tun. Sie wollen Sport treiben, sich gesund ernähren, Geld fürs Alter sparen, Müll trennen und weniger CO_2 produzieren. Man muss sie nur dazu bringen, ihre Gewohnheiten und ihre Bequemlichkeit zu überlisten, damit sie es dann auch tun. Also denken sich Forscher »Nudges« aus, kleine Schubser, die die Menschen zum Handeln motivicren sollen (Barack Obama und Angela Merkel sind übrigens bekennende Anhänger dieser Theorie des Anstupsens). Im Bürogebäude werden zum Beispiel die Treppen auffälliger platziert als die Aufzüge, damit die Leute zu Fuß gehen. Dazu eine Schrittzähler-App, die für ausreichend Bewegung sorgt. In der Kantine erhält der Salat einen prominenten Platz und die mit fettigem Käse überbackene Lasagne rückt in den Hintergrund. Nach diesem Vorbild sollen Politik und Wissenschaft Anstöße zum eigenständigen Handeln setzen: zum Sport, zum Sparen, zur Weiterbildung, zum Organ- oder Blutspenden und auch zum Umweltschutz. Der große Vorteil beim Anstupsen ist, dass es ohne Bestrafung, wie zum Beispiel Geldbußen und Steuern, und ohne Verbote auskommt.

Um Papier zu sparen, könnte man Drucker zum Beispiel so einstellen, dass sie automatisch doppelseitig drucken. Wer einseitig drucken will, muss sich erst einmal mühsam durchs Programm klicken. Außerdem wird vorgeschlagen, grünen Strom als Standardoption einzurichten und regionales und saisonales Gemüse im Laden sichtbarer als Fleisch zu platzieren. Die richtigen Anstöße sollen so die Schäden durch den Klimawandel begrenzen. 2017 erhielt Richard Thaler für seine Nudging-Theorie den Wirtschaftsnobelpreis. Dennoch gibt es von vielen Seiten Kritik. Für die einen ist der Ansatz bevormundend und manipulativ. Für die anderen ist der Ansatz nicht radikal genug. Vor allem für den Klimaschutz seien die Anstupser nicht wirksam genug. Die Hauptursachen des Klimawandels wie übermäßiges Fliegen, Autofahren, Heizen, Konsum tierischer Nahrungsmittel und der alltägliche und weltweite Billigkonsum überhaupt ließen sich mit Nudging nicht ausreichend bekämpfen. Nudging betreiben übrigens auch Eltern, wenn sie ihren Kindern gesundes Essen schmackhaft machen wollen, obwohl sie genau wissen, dass es dem Kind wahrscheinlich nicht besonders gut schmecken wird. Anstupsen ist also etwas völlig Normales und harmlos, solange es Beeinflussung bleibt und keine Manipulation ist. Manche Eltern stellen zum Beispiel eine Belohnung in Aussicht, damit ihre Kinder Gemüse essen. Ist das noch Nudging oder schon Manipulation?

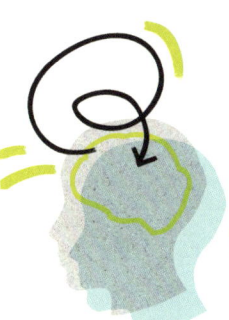

GEDANKENSPRUNG: LEGEN HENNEN DAS GANZE JAHR EIER?

Menschen sind sehr erfinderisch, wenn es darum geht, ihr natürliches Umfeld zu beeinflussen. So zum Beispiel auch bei der Tierhaltung. Damit Hühner mehr Eier legen, bekommen manche von ihnen ein spezielles Futter. Oder aber man erhöht die Temperatur im Stall und setzt sie einer speziellen Beleuchtung aus (bei ca. 14 Stunden Tageslicht pro Tag legen Hühner die meisten Eier). Man spricht hierbei auch von »Optimierung der Legeleistung«.

GEDANKENSPIEL:
AM FRÜHSTÜCKSTISCH DIE WELT RETTEN?

In der Vergangenheit haben sich auch starke gesellschaftliche Gewohnheiten immer wieder verändert: Im Flugzeug wird nicht mehr geraucht, im Auto schnallt man sich an und wir lassen uns kollektiv gegen Polio impfen. Wieso sollte es also nicht gelingen, kollektive Gewohnheiten für den Klimaschutz zu verändern? In seinem Buch *Wir sind Klima!* (2019) ist der Autor Jonathan Safran Foer davon überzeugt, dass es möglich ist. Er meint: Wenn alle Menschen ein kleines bisschen verzichten, könnte man eine massive und positive Wirkung auf das Klima ausüben. Dabei klingt sehr einfach und gar nicht so radikal: Jeder Mensch müsste zum Beispiel nicht gleich Veganer*in, sondern nur Teilzeitveganer*in werden. Da die Nutztierhaltung für einen erheblichen Anteil des jährlichen CO_2-Ausstoßes verantwortlich sei, wäre dies eine sehr einfache und machbare Möglichkeit für jeden, etwas gegen den Klimawandel zu tun. Man verzichtet nur ein bisschen.

Wäre das eine realistische Maßnahme, die man weltweit umsetzen könnte? Welche Folgen hätte dies für das gesellschaftliche Leben? Und ließe sich am Ende damit tatsächlich die Welt retten?

GEDANKENSPIEL:
MANIPULIEREN ALS BERUF?

Beeinflussung und Manipulation sind im Alltag längst zu einem erfolgreichen Geschäftsmodell geworden: einige Influencer können sogar davon leben, dass sie Produkte posten und bestimmte Marken gegen Geld in ihren Videos zeigen.

Für welche Produkte oder Themen wärst du gerne Influencer? Wie würdest du sie nach vorne bringen? Mit welcher Firma würdest du dafür gerne zusammenarbeiten?

03. WIE TÄUSCHEN UND MANIPULIEREN POPULISTEN?

Populisten sind Meister der Manipulation. Man erkennt sie daran, dass sie im Namen des Volkes auftreten und gegen die Elite. Populisten sind sehr gut darin, Probleme zu benennen, haben aber keine oder wenn, dann nur sehr schwache Lösungsansätze. Sie sind schlagfertig, formulieren einfache Parolen, provozieren gerne und wissen von ihren Schwächen abzulenken. Die Aufteilung in »die da oben« und »die da unten« dient als Strategie, um die Gunst der Wähler zu gewinnen. Runter mit den Steuern! Zu niedrige Renten! Raus aus der EU! Deutschland schafft sich ab! Raus aus dem Euro! Make America great again! Wir sind das Volk! – Solche Parolen sind verführerisch, weil sie einfach klingen. Es sind ja auch erst einmal nur Meinungen, die man gut, schlecht oder neutral finden kann. Und was sollte auch falsch sein an einer Meinung und unkomplizierten Lösungsvorschlägen? Genau diesen Eindruck wollen Populisten erreichen: Es könnte alles so einfach sein, ihr müsst uns nur wählen! Was für alle Populisten gilt: sie bauen Feindbilder auf. Mit ihren Parolen kämpfen sie wahlweise gegen die Globalisierung, gegen Migranten und Zuwanderung, gegen Eliten, gegen Medien (»Lügenpresse«), gegen soziale Ungerechtigkeit, gegen die Europäische Union oder gegen Minderheiten. Es gibt daher auch keinen Populismus ohne Sündenböcke (vgl. zum Sündenbockmechanismus Kapitel 2: PROVOZIEREN und Kapitel 4: HATEN). Ihre Argumente folgen dabei einer ähnlichen Logik.

Eine Kernaussage lautet meist: Die Populisten sind die einzige Rettung der Gesellschaft vor dem Untergang. Dieses Kernargument setzt wiederum zwei Dinge voraus: 1. Die Gesellschaft steht vor dem Untergang und muss gerettet werden. 2. Die Gesellschaft kann nur gerettet werden, wenn die Populisten an die Macht kommen. Als logische Schlussfolgerung wird dann behauptet: Die Populisten müssen an die Macht kommen.

Wie aber verführen Populisten ihre Wähler, um an die Macht zu kommen? Mit welchen Strategien, Worten und Methoden versuchen sie, »das Volk« zu beeinflussen und Stimmen zu gewinnen?
Hier die wichtigsten Strategien im Überblick:

1. EINFACHE SPRACHE, EINFACHE ERKLÄRUNGEN!

Wer populistisch redet, inszeniert sich volksnah und setzt auf eine einfache Sprache mit einfachen Erklärungen. Wem man letztlich die Schuld am Untergang gibt, bleibt in der Logik des Arguments zweitrangig. Für die politische Wirklichkeit macht es aber natürlich einen riesigen Unterschied, wen oder was man für den Untergang verantwortlich macht, ob Kapitalismus, Klimawandel, Islam, Flüchtlingskrise, Juden, verdorbene Eliten, Europäische Union oder die Globalisierung. Denn die Wahl des Sündenbocks entscheidet darüber, in welche Richtung man die Bevölkerung manipuliert. Statt sich auf Ursachen und echte Problembekämpfung zu konzentrieren, bieten Populisten vor allem einfache Antworten an (z. B. Flüchtlinge ausnahmslos abschieben, den Bau von Moscheen verbieten, eine Mauer zwischen USA und Mexiko bauen, aus der EU kompromisslos aussteigen oder aber man leugnet einfach bestimmte Tatsachen, wie z. B. den Klimawandel). Dass es funktioniert, steht außer Frage. Spätestens mit Donald Trump war ein Populist zum Präsidenten eines der mächtigsten Länder der Welt geworden. Viele sehen darin einen Grund, warum sich der Populismus weltweit auch weiterhin erfolgreich verbreitet. Auffällig ist übrigens, dass es weit mehr Männer als Frauen gibt, die populistische Bewegungen anführen.

2. WIR SIND DAS VOLK!

Populisten sprechen im Namen des Volkes und behaupten, dass sie den »wahren« Volkswillen vertreten. Populisten teilen die Gesellschaft in »das einfache Volk« und »die da oben« ein. Sie sprechen auch gern vom »kleinen Mann« und vom einfachen Bürger, der von der Elite und den herrschenden Politikern vergessen worden sei.

Besonders Rechtspopulisten meinen mit »Wir sind das Volk!« nicht ein gemeinsames »Wir«. Häufig denken sie nationalistisch und zum deutschen Volk gehört dann nur, wer die deutsche Staatsbürgerschaft besitzt und hier geboren wurde. Ihre Feindbilder sind daher vor allem Migranten und Zuwanderer. Konsequenterweise warnen Rechtspopulisten oftmals vor »Überfremdung«. Eines ihrer Leitmotive heißt europaweit: Die Flüchtlingskrise muss bekämpft werden. Fun Fact oder Ironie der Geschichte: 1989 waren es Demonstranten, die in Ostdeutschland mit dem Slogan »Wir sind das Volk!« auf die Straßen gegangen sind, um gegen die Freiheitseinschränkungen der ehemaligen DDR zu protestieren. Während sie mehr Toleranz, Freiheit und eine offene Gesellschaft einforderten, machen Rechtspopulisten heute damit das genaue Gegenteil!

3. FRÜHER WAR ALLES BESSER!

Vor allem Rechtspopulisten haben einen besonderen Bezug zur Vergangenheit. Manchmal wirken sie geradezu nostalgisch, wenn sie meinen, dass früher alles besser war. Sie glauben an traditionelle und konservative Werte. Die Gleichstellung von Frau und Mann lehnen sie ab und schuld an allem ist meist die Globalisierung (und natürlich die Flüchtlingskrise). Das Feindbild ist hier die globale Elite, die die Werte der Vergangenheit durch technologischen Fortschritt, Emanzipation, Diversität und Inklusion ersetze. Die Idee der Gleichheit aller Menschen, seien es Migranten, Frauen, Homosexuelle oder Behinderte, empfinden sie als gesellschaftlichen Rückschritt. Die traditionelle Welt, in der es noch richtige Männer und richtige Frauen (die sich unterordneten) gab, scheint für Rechtspopulisten eine ideale Welt zu sein. Beliebt ist auch die Aussage: Wir wollen wieder ein Deutschland, wie es vor der Flüchtlingskrise war! Damit ist inhaltlich allerdings überhaupt nichts gesagt, außer, dass man mit der aktuellen Situation unzufrieden ist. Wie die Gesellschaft vor der vermeintlichen Krise war und wie man sich sie konkret vorstellt, bleibt im Dunkeln.

4. POPULISTEN SETZEN AUF EMOTIONEN!

Populisten verwenden häufig eine emotionale und bildhafte Sprache. Dabei übertreiben und provozieren sie gerne, manchmal auch mit einer vulgären Ausdrucksweise. Hauptsache, man wird gehört und es werden Emotionen ausgelöst! Hirnforscher betonen immer wieder, wie sehr Gefühle unsere Entscheidungen beeinflussen, und zwar viel mehr, als uns das bewusst ist. Gefühle prägen zum Beispiel sehr stark, ob wir etwas gut oder schlecht finden. Sie sind daher auch grundlegend für moralische Überzeugungen. Aber sie prägen eben auch die politischen Ansichten und Neigungen. Ein Beispiel – und auch wenn es absurd klingt, kein Witz: Menschen, die dazu neigen, sich schnell zu ekeln, wählen häufiger rechts und vertreten eher rassistische Meinungen. Die sogenannten Wutbürger sind also eigentlich Ekelbürger. Populisten wissen das und sprechen gezielt die negativen Emotionen von Menschen an, sei es Wut, Empörung, Angst, Scham, Enttäuschung oder Ekel. Warum sie das machen? Menschen werden manipulierbarer, wenn man in ihnen Emotionen und Gefühle auslöst! Besonders anfällig für derartige Manipulationen sind Menschen und Gruppen, die sich ohnehin schon verängstigt, verunsichert, bedroht oder isoliert fühlen. Man muss sie nur regelmäßig mit Inhalten und Nachrichten versorgen, die ihre Ängste und Unsicherheiten noch verstärken.

Im Umgang mit Populisten sollte man daher immer eine Regel beachten: möglichst cool, sachlich und entspannt bleiben. Und sich nicht provozieren lassen. Denn Empörung, Wut und Aufregung sind genau das, was Populisten erreichen wollen. Statt auf ihre Tricks und Strategien reinzufallen, sollte man sich seine Empörung und seine Wut lieber für die Dinge und Themen sparen, die einem wirklich am Herzen liegen und für die man sich aus eigener Überzeugung heraus einsetzen will.

5. WIE POPULISTEN TÄUSCHEN!

Populisten sind häufig alle möglichen Mittel recht, um ihre Interessen durchzusetzen. Sie manipulieren, indem sie ablenken, und sie täuschen, indem sie uns auf eine falsche oder irreführende Fährte lenken! Dabei haben sie meist kein besonders ausgeprägtes Verhältnis zur Wahrheit. Sie folgen einer einfachen Regel: Politische Handlungen müssen vor allem ihren Zweck erfüllen, sie müssen nicht wahr, richtig oder gut sein!

Hier sind ein paar beliebte Strategien von Populisten (die natürlich manchmal auch bei anderen Politikern vorkommen):

1. »SELBSTVERHARMLOSUNG«:

Der Versuch, die Vorwürfe und die Kritik des Gegners zu entkräften, indem man sich selbst als harmlos darstellt! Man habe das doch ganz anders gemeint oder eigentlich gehöre man selbst doch auch zur bürgerlichen Mitte.

2. »WHATABOUTISM«:

Auf eine Beschuldigung antwortet man mit einer Gegenbeschuldigung oder man wechselt einfach ganz abrupt das Thema! Wenn einem zum Beispiel vorgeworfen wird, man würde zu wenig für den Klimaschutz tun, verweist man auf die ärmsten Länder der Welt und behauptet, dass Klimaschutz ein Luxusproblem sei.

3. ANGRIFF IST DIE BESTE VERTEIDIGUNG!

Man diffamiert seine Gegner und versucht, sie in ein schlechtes Licht zu stellen, notfalls auch mit Gerüchten, Halbwahrheiten, Verschwörungstheorien oder Fake News.

4. DIE INSZENIERUNG ALS OPFER:

Man behauptet, dass man Opfer eine Verschwörung oder Intrige geworden sei und dass z. B. die Medienberichterstattung nicht nach fairen Regeln verlaufe! Sehr beliebt ist auch zu behaupten, man sei absichtlich falsch verstanden worden.

GEDANKENSPRUNG:
BEDEUTET EINFLUSS MACHT ÜBER ANDERE?

Der Soziologe Max Weber (1864–1920) definierte Macht als Fähigkeit, seinen Willen auch gegen Widerstände durchzusetzen. In seinem postumen Werk *Wirtschaft und Gesellschaft* (1922) beschrieb er Macht als »Chance, innerhalb einer sozialen Beziehung den eigenen Willen auch gegen Widerstreben durchzusetzen, gleichviel worauf diese Chance beruht«. Auf diese Definition beziehen sich bis heute viele Politiker und Experten. So zum Beispiel u. a. der US-Stratege Robert Kagan. Macht ist für ihn die Fähigkeit, andere zu veranlassen, das zu tun, was man will, und sie von dem, was man nicht will, abzuhalten.

> Sind Einfluss und Manipulation immer auch eine Frage von Macht?

GEDANKENSPIEL:
CHANCE ODER GEFAHR?

Ist Populismus immer schlecht? Vieles spricht dafür, dass Populisten zwar das Gute versprechen, aber nicht immer das Gute wollen. Trotzdem machen doch gerade sie auf Probleme und dringende Themen aufmerksam.

> Sind populistische Bewegungen eine Gefahr oder eine Chance für die Demokratie? Können sie die Demokratien in Europa stärken und sogar korrigieren, indem sie auf wichtige Fehler und Missstände aufmerksam machen, oder aber sind sie auch dann eine Gefahr für die Stabilität und den friedlichen Zusammenhalt einer Demokratie? Oder ist es letztlich eine Frage der Dosis? Heißt die richtige Frage vielleicht nicht, ob Populismus gut ist, sondern wie viel davon gut ist?

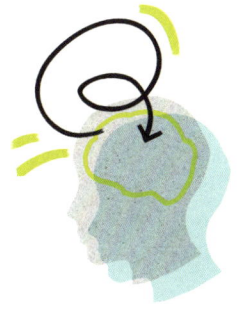

GEDANKENSPRUNG: BRAUCHEN WIR CHARISMATISCHE ANFÜHRER*INNEN?

Max Weber unterscheidet zwischen drei Herrschaftsformen: die legale Herrschaft, wie z. B. die Bürokratie. Die traditionelle Herrschaft, etwa die Gesellschaftsordnung des Patriarchats. Und die charismatische Herrschaft, die aber problematisch ist, weil jeder charismatische Führer seine Schwächen hat. Aufgrund der NS-Vergangenheit unter Adolf Hitler haben die Worte »Macht« und »Herrschaft« im Deutschen einen negativen Beigeschmack. Weil sie an Unterdrückung und Schreckensherrschaft erinnern, ist es schwierig, sachlich über sie zu diskutieren.

Was glaubst du: Braucht es charismatische Anführer und Volks(ver)führer für eine gute Regierung? Oder beruht das auf einer veralteten Vorstellung?

Warum gibt es meist nur einen Kopf an der Spitze eines Landes? Wäre ein Team von mehreren Personen nicht viel besser geeignet, wie zum Beispiel in Finnland, wo 2019 fünf Frauen die Führung übernommen haben? Was spricht dafür und was dagegen?

04. WARUM FALLEN WIR AUF FAKE NEWS REIN?

In Deutschland wurde es zum Unwort des Jahres 2017 gewählt: Alternative Fakten. Die Wortkombination »alternative Fakten« ist ungefähr so logisch wie »schwarzer Schimmel« (Schimmel sind weiß, nicht schwarz!). Alternative Fakten sind ein Widerspruch in sich, denn an einer Tatsache gibt es in der Regel nichts zu rütteln. Man kann über Fakten unterschiedliche Meinungen haben, man kann sie unterschiedlich interpretieren und andere Schlussfolgerungen daraus ziehen, aber alternative Fakten kann es nicht geben. Wenn es darum geht, die richtigen Entscheidungen zu treffen und Lösungen zu finden, kann es alternative Optionen geben, aber nicht, was die Tatsachen betrifft. Wie Fake News Media ist der Begriff alternative Fakten eine Erfindung von rechten Gruppierungen (in den USA werden sie Alt-Right genannt). Über verschiedene Medien und Plattformen wie z. B. Fox News und Breitbart.de verbreiten sie ihre eigenen Nachrichten: Was sie alternative Fakten nennen, sind jedoch häufig Fake News, mit denen sie ihre politischen Gegner schwächen und diffamieren wollen. Man spricht hierbei auch von Kampfbegriffen, die dazu dienen, Stimmung zu machen und die eigene Politik zu rechtfertigen.

Unter der Überschrift »Enthüllt: 1000-Mann-Mob steckt älteste deutsche Kirche in Brand« wurde auf Breitbart.de, dem wichtigsten Sprachrohr der Alt-Right-Bewegung in den USA, ein Bericht veröffentlicht, in dem nachweislich die Fakten verdreht wurden. Als Grundlage hierfür diente ein Bericht der Ruhr Nachrichten. In dem Breitbart-Artikel wurde behauptet: Angeblich habe in der Silvesternacht 2016/2017 eine große Gruppe junger Nordafrikaner die Dortmunder Reinoldikirche in Brand gesetzt. Dazu habe ein Mob syrischer Flüchtlinge Allahu Akbar gerufen. In Wirklichkeit brannte nicht die Kirche (die übrigens auch nicht die älteste Kirche Deutschlands ist), sondern lediglich das Gerüst und es handelte sich auch nicht um bewusste

Brandstiftung, wie es der Artikel suggeriert. Ausgelöst wurde das Feuer durch eine Rakete, die zufällig in das Gerüst geriet. Es gab an dem Abend zwar ein paar kleinere Ausschreitungen, bei denen Pyrotechnik in die Menge und auf die Polizei geworfen wurde, aber insgesamt verlief der Abend ohne nennenswerte Gewaltausbrüche. Polizei und Feuerwehr sprachen von einer »normalen« Silvesternacht. Die Absicht der Falschmeldung auf Breitbart.de ist eindeutig: Alles sollte so aussehen, als sei es ein muslimischer Angriff auf die europäische Kultur.

Was dann passierte, ist ein Paradebeispiel dafür, wie Fake News zu Hass und Hetze führen können: Der Breitbart-Artikel wurde über 300-mal geteilt. Ein ähnlicher Artikel des rechten Nachrichtenportals Wochenblick aus Österreich, das die Falschmeldung von Breitbart übernommen hatte, wurde über 800-mal geteilt. So gelangte die Falschnachricht über die sozialen Medien nach Deutschland und zurück zum Ursprungsort. Die Dortmunder Neo-Nazi-Szene meldete sich auf der Seite Dortmund Echo zu Wort, die Hass-Kommentare auf Twitter und Facebook überschlugen sich und selbst ein Bundestagsabgeordneter fiel auf die Falschmeldung rein und veröffentlichte dazu ein Pressestatement. Bei den Ruhr Nachrichten gingen zahlreiche Drohungen, Fotos von Galgen und abgetrennten Köpfen, aber auch Mordaufrufe an Angela Merkel ein. Neben Breitbart und Fox News gibt es übrigens auch andere Nachrichtenmedien wie z. B. Russia Today und Sputnik aus Russland, die gezielt Fake News verbreiten und damit die westlichen Demokratien destabilisieren wollen.

Das Spiel mit der Angst ist im Prinzip sehr einfach: Man muss sich nur ein Thema oder Ereignis aussuchen, das bedrohlich genug ist und möglichst viele Menschen betrifft. Aber nicht alle Fake News sind politisch motiviert. Manchmal liegt es auch einfach an Unwissenheit, Naivität oder Gutgläubigkeit, dass wir Fake News verbreiten – und, dass wir auf Fake News reinfallen. Der US-amerikanische Philosoph Harry Frankfurt hat in seinem Buch *On Bullshit* (1986) zwischen Lügen und Unsinn erzählen unterschieden. Um lügen zu können, muss man die

Wahrheit kennen. Das heißt, Lügen passiert immer absichtlich und ist ohne einen Bezug zur Wahrheit nicht möglich. Im Gegensatz dazu fehlt beim Bullshit diese Verbindung zur Wahrheit, so Harry Frankfurt. In seiner Theorie des Bullshit unterscheidet Frankfurt daher auch zwischen Lügnern und Bullshittern. Der Bulshitter weiß mit der Wahrheit schlicht nichts mehr anzufangen, sie ist ihm gleichgültig. Bullshit ist also weder Wahrheit noch Lüge und auch nicht irgendwo dazwischen (denn dann wäre es eine sogenannte Halbwahrheit, die immer noch einen Bezug zur Wahrheit hätte). Einen Bullshitter erkennt man daran, dass es ihm völlig gleichgültig ist, ob etwas wahr ist oder nicht. Für Harry Frankfurt ist Donald Trump der Prototyp des Bullshitters schlechthin. Dabei kann man lange darüber spekulieren, warum er das tut: will er damit provozieren, verwirren, unterhalten, auffallen oder einfach nur Geld verdienen? Geht es ihm bloß darum, seine Interessen durchzusetzen, seine Macht zu demonstrieren und zu vermehren? Oder vielleicht alles zusammen?

GEDANKENSPRUNG: WIRD DIE WELT IMMER SCHLECHTER?

Obwohl es weniger Armut, Kriminalität und Gewalt auf der Welt gibt als noch vor 100 Jahren, glauben viele Menschen, dass die Welt immer schlechter wird. Dabei gibt es weniger Armut, weniger Menschen, die nicht lesen und schreiben können, die Kindersterblichkeit ist gesunken und auch die Gewalt nimmt ab. Trotzdem haben viele den Eindruck, dass Armut und Gewalt zunehmen. Liegt es an den Medien und daran, dass sich unser Gehirn negative Nachrichten besser einprägt? Nicht nur! Forscher meinen: Menschen neigen dazu, etwas stärker wahrzunehmen, wenn es seltener auftritt. Heißt konkret: In Ländern, in denen es besonders wenig Armut und Gewalt gibt, fallen Armut und Gewalt stärker auf. Die Welt wird besser und man glaubt, das Gegenteil ist wahr. Verrückt, oder?

05. KANN MAN WAHLEN MANIPULIEREN?

Im Nachhinein war es ein internationaler Skandal für die Welt und für Facebook: Nach der Brexitabstimmung und nach den US-Wahlen stellte sich nämlich heraus, dass in beiden Fällen ein Datenunternehmen namens Cambridge Analytica engagiert worden war. Die britische Agentur hatte illegal beschaffte Daten von Millionen Facebook-Nutzern verwendet, um personalisierte Wahlwerbung auszuspielen. Das stellte sowohl die Trump-Kampagne als auch die Brexit-Kampagne in ein neues Licht, denn offenbar wurden im Vorfeld zahlreiche Wähler über Facebook beeinflusst. Die US-Amerikanerin Brittany Kaiser arbeitete drei Jahre lang als Direktorin bei Cambridge Analytica, bevor sie sich im Jahr 2018 dazu entschied, die Seiten zu wechseln und zur Whistleblowerin zu werden. Sie ist überzeugt davon, dass Trump die Wahl ohne diese gezielte und massenweise Manipulation nicht gewonnen hätte (auch wenn die konkrete Wirksamkeit der personalisierten Werbung von Cambridge Analytica nicht in Zahlen bewiesen werden konnte). Für die ehemalige Insiderin Brittany Kaiser ist die Beeinflussung von Wahlen ein globales Problem, auch in Europa. Es gibt immer wieder Diskussionen darüber, ob Facebook in solchen Fällen gegen das Datenschutzrecht verstößt und wie man gegen Wahlmanipulation und Fake News am besten vorgehen sollte. Das Problem ist also bekannt, aber rechtlich und praktisch noch nicht gelöst.

Unterstützt wurde der Sieg von Donald Trump außerdem durch zahlreiche Fake News, die sich während des US-amerikanischen Wahlkampfs im Internet und in den Medien verbreiteten. Zum Beispiel streuten Trumps Anhänger die sogenannte Pizzagate-Verschwörung. Ihr zufolge waren die Präsidentschaftskandidatin und größte Konkurrentin von Trump, Hilary Clinton und andere Mitglieder ihrer Partei (Demokraten), angeblich in einen kriminellen Kindersexring involviert. Angeblich trafen sie sich heimlich im Keller einer Pizzeria in Washington, um dort ihren illegalen Geschäften nachzugehen. Natürlich war diese Geschichte frei erfunden, wurde jedoch gezielt von amerikanischen Seiten (z. B. Infowars) und russischen Websites geteilt. Sie erregte besonders viel Aufsehen, weil eines Tages sogar ein bewaffneter Zivilist in der Pizzeria auftauchte, um den Keller auf Spuren zu untersuchen. Heute weiß man, dass ein Großteil der Fake News von 2016 aus Osteuropa stammten. Für einige wurden die Erfindung und Verbreitung von Fake News ein lukratives Geschäftsmodell, bei dem sie mit Pro-Trump-Websites viel Geld verdienten. Aber auch Trump twitterte während des Wahlkampfes massenweise Fake News. Er behaupte fälschlicherweise, die Mordraten in den USA seien gestiegen, China habe den Klimawandel erfunden und er besitze Hinweise dafür, dass seine Konkurrentin Hilary Clinton für die Präsidentschaft gesundheitlich nicht geeignet sei. Außerdem schrieb er über Vergewaltigungen durch Mexikaner, die nie stattgefunden hatten, und er verbreitete die Falschnachricht, dass der vorherige Präsident Barack Obama kein amerikanischer Staatsbürger sei (Fun Fact: Obama hätte gar nicht zum Präsidenten gewählt werden können, wäre dies wirklich wahr; nur Menschen, die in den USA geboren wurden, können per Gesetze auch US-Präsident*in werden)!

Auch bei der Brexit-Kampagne kamen Fake News zum Einsatz. Der Politiker und Brexit-Befürworter Nigel Farage ließ kurz vor der Abstimmung Plakate aufhängen, auf denen eine große Gruppe arabisch aussehender Männer abgebildet waren. Darauf stand der Slogan: »We must break free of the EU and take back control of our borders.« Das spielte darauf an, dass angeblich eine Masse arabischstämmiger Migranten dabei sei, nach Großbritannien einzuwandern. In Wirklichkeit zeigte das Plakat aber Flüchtlinge, die von Kroatien nach Slowenien reisten. Eine andere Lüge wurde auf einen Bus plakatiert, der vor der Brexit-Wahl viel Aufsehen erregte. Dort stand, dass im Falle eines EU-Austritts jede Woche über 350 Millionen Pfund in das nationale Gesundheitssystem von England zurückfließen würden. Angeblich habe die britische Regierung diese Summe wöchentlich nach Brüssel überwiesen. Nigel Farage gab später zu, dass er eine falsche Summe angegeben habe. Boris Johnson hingegen, ebenso überzeugter Brexit-Befürworter, der zum Zeitpunkt der Abstimmung Bürgermeister von London war und 2019 Premierminister von England wurde, wiederholte und bestätigte die falsche Zahl mehrfach. Obwohl die britische Presse belegen konnte, dass es sich um eine Falschinformation handelte. Doch damit nicht genug: 2018 behauptete Johnson sogar, es seien mehr als 350 Millionen, die Großbritannien an die Europäische Union zahle. Obwohl 2016 nur eine knappe Mehrheit für den Brexit gestimmt und seitdem viele Briten, vor allem junge, gegen einen Austritt demonstriert hatten, schied Großbritannien zum 31. Januar 2020 aus der EU aus.

Im Nachhinein könnte man den Eindruck gewinnen, dass die Brexit-Kampagne nicht *trotz*, sondern *wegen* der Fake News so erfolgreich war. Man könnte sich auch fragen, ob die *Remain*-Kampagne vielleicht nicht aussagekräftig genug war. Statt *Remain* wäre *Stay* womöglich rein sprachlich die bessere Wahl gewesen (weil kürzer, ansprechender und einsilbig, genau wie *Leave!*). Und sehr wahrscheinlich wäre es nicht zum Brexit gekommen, wenn man den jüngeren Generationen und Stimmen mehr Gewicht gegeben hätte. Denn im Schnitt waren viele Brexit-Befürworter älter als 30 Jahre, männlich und kamen größtenteils aus dem ländlichen Raum. Hätte man nur die stimmberechtigten Wähler unter 30 Jahre abstimmen lassen, hätte es eine überwältigende Mehrheit für eine EU-Mitgliedschaft gegeben. Es wäre sehr wahrscheinlich auch nicht zum Brexit gekommen, hätte man junge Menschen ab 16 zur Wahl zugelassen. Denn eine Frage bei solchen Abstimmungen ist doch auch: Wer darf über die Zukunft eines Landes entscheiden? Dürfen, wie im Fall des Brexit, die älteren Generationen über die Bedingungen entscheiden, unter denen die jüngeren Generationen in Zukunft leben sollen? Wäre es nicht gerechter, wenn man das Wahlrecht auf 16 Jahre senkt und bei Fragen über die Zukunft die Vorstellungen von jungen Menschen mehr berücksichtigt?

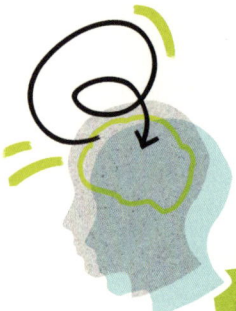

Weltweit sind viele Menschen, Journalisten, Politiker und Wähler entsetzt über die politischen Folgen von Fake News und darüber, wie einfach es ist, sie zu verbreiten. Immer noch gibt es zu wenig Aufklärung auf diesem Gebiet. Die Journalistin Juliane von Reppert-Bismarck gab daher ihren Beruf auf und gründete die Initiative Lie Detectors. Ein Auslöser sei die Begegnung mit einer 13-Jährigen in den USA gewesen. Diese habe ihr 2016 berichtet, dass sie und viele ihrer Mitschüler bei der US-Wahl für Donald Trump stimmen würden (wenn sie denn könnten und wahlberechtigt wären!). Der Grund: Sie hätten bei Instagram gelesen, dass die Mitbewerberin Hillary Clinton für den Tod von Menschen verantwortlich sei. Tatsächlich handelte es sich aber um Fake News, die von Trump-Anhängern in den sozialen Medien verschickt und geteilt wurde. Auch über WhatsApp und andere Kanäle werden politische Falschnachrichten propagiert, um gezielt junge Menschen politisch zu beeinflussen. Immer noch wissen zu wenige Eltern und Lehrer über das Thema Bescheid. Außerdem sind auch Internetseiten, die sogenanntes Factchecking betreiben, nicht immer geeignet oder einfach nicht bekannt. Die Bekämpfung von Fake News wird auch dadurch erschwert, dass man damit verlässlich Geld verdienen kann. Deshalb schickt Lie Detectors Journalisten an Schulen, die dort 90-minütige Workshops für Schüler und Lehrer anbieten (www.lie-detectors.org).

GEDANKENSPIEL: MANIPULIEREN WORTE UNSERE WAHRNEHMUNG?

»Flüchtlingswelle«, »Das Boot ist voll«, »Alternative Fakten«. Immer wieder wird unsere Wahrnehmung bereits durch die Wahl bestimmter Worte beeinflusst. Eine Flüchtlingswelle erweckt den Eindruck, dass man von einer unkontrollierbaren Naturkatastrophe bedroht sei. Die Redewendung »Das Boot ist voll« suggeriert, Europa sei ein Schiff, das untergehen könnte. Und das Unwort des Jahres 2017, »Alternative Fakten«, will glauben machen, dass es keine eindeutigen Fakten gibt, auf die man sich verlassen kann. Dabei haben doch gerade rechte Parteien sehr eindeutige Vorstellungen davon, wie eine Gesellschaft zu sein hat, wer dazu gehört und wer nicht.

Was glaubst du: Sind solche Wörter gefährlich? Oder wird der Einfluss von Sprache hier überbewertet? Stimmt es, dass alles relativ ist, oder gibt es Tatsachen und Fakten, zu denen es keine Alternative gibt? Zum Beispiel die Formeln CO_2 und O_2, die erste steht für Kohlenstoffdioxid, die zweite für Wasser: Gibt es dazu alternative Fakten? Fällt dir ein anderes Beispiel ein, in dem man tatsächlich von alternativen Fakten sprechen könnte?

GEDANKENSPIEL: IST ALLES RELEVANT, WAS POLITIKER SAGEN?

Bei Facebook gilt die Regel: Alles was Politiker sagen, hat einen Nachrichtenwert. Sprich, alles was Politiker sagen, ist relevant und erhält dadurch besonders viel Sichtbarkeit bei Facebook.

Was glaubst du, sollte man bei dem, was Politiker sagen, wirklich keine Unterschiede machen? Hat alles Nachrichtenwert, was Politiker sagen? Dürfen Politiker alles sagen – und ist es auch immer und ausnahmslos relevant? Inwieweit tragen sie eine besondere Verantwortung für die öffentliche Diskussionskultur? Sollte man Politiker einschränken oder zensieren dürfen, wenn sie sich grenzwertig äußern? Warum sollten in den sozialen Medien für Politiker andere Standards und Regeln gelten als für alle anderen Bürger?

Gibt man Politikern und Populisten damit zu viel Macht?

KAPITEL Ø6
ÜBERWACHEN!
PROTESTIEREN!
ENGAGIEREN!

ÜBERWACHEN!

01. WOLLEN WIR IN EINEM ÜBERWACHUNGSSTAAT LEBEN?
- Gedankenspiel: Wie viel Whistleblower steckt in dir?
- Gedankenspiel: Schließen sich Überwachung und Freiheit aus?
- Gedankenspiel: Gibt es ein Recht auf Geheimnisse?

PROTESTIEREN!

01. WOZU ÜBERHAUPT PROTESTIEREN?
02. DARF JEDER ÜBERALL PROTESTIEREN?
- Gedankenspiel: Warum geht man auf die Straße?
- Gedankenspiel: Dafür oder dagegen?

ENGAGIEREN!

01. WOFÜR WILLST DU DICH ENGAGIEREN?
02. VON WELCHER ZUKUNFT TRÄUMST DU?
- Gedankenspiel: Mach dir eine Liste mit deinen europäischen Grundwerten!

ÜBERWACHEN!

01. WOLLEN WIR IN EINEM ÜBERWACHUNGSSTAAT LEBEN?

Wäre es für dich in Ordnung, wenn Fremde unerlaubt in dein Zimmer eindringen, während du nicht zu Hause bist? Das ist schon eine ziemlich beängstigende Vorstellung. Aus diesem Grund bieten große Techkonzerne, wie zum Beispiel Google oder Amazon, diverse Überwachungskameras und Türklingeln an. Diese sogenannten Smart-Surveillance-Produkte sollen das eigene Zuhause sicherer machen. Denn so kann man 24 Stunden am Tag überwachen, was an der Haustür und in den eigenen vier Wänden vorgeht. Fachleute haben für diesen Trend zur Überwachung schon ein neues Wort kreiert: Verwanzungsepidemie. Sprich, an allen möglichen Stellen werden Wanzen und Kameras installiert, um alles flächendeckend zu überwachen. Doch diese Verwanzung hat auch eine dunkle Seite. Nicht nur man selbst kann das eigene Zuhause überwachen, auch Mitarbeiter*innen der Techkonzerne können auf die Kameras zugreifen. Das Bedürfnis nach einem sicheren Zuhause hat eine unerwünschte Nebenwirkung: Weil Menschen nun einmal neugierig sind, kann man praktisch niemals ganz ausschließen, dass Fremde die Videos aus den privaten Überwachungskameras anschauen. Es passiert also genau das, was man verhindern wollte: Fremde dringen in die eigenen vier Wände ein. Wenn auch nur digital.

Schon seit einigen Jahren gibt es Gerüchte darüber, dass Facebook und andere Apps private Gespräche über das Mikrofon des Smartphones mithören und die gesammelten Daten für personalisierte Werbung nutzen (Facebook streitet das ab und bisher gibt es tatsächlich keine Beweise dafür). Vielen Nutzern ist aufgefallen, dass in ihren sozialen Netzwerken die Werbung auffällig nah dran ist an Themen oder Marken, über die sie sich erst kürzlich unterhalten haben. Rein technisch ist es zumindest möglich, dass Gespräche mitgehört werden: Selbst wenn man sein Smartphone gerade nicht aktiv nutzt, kann das Mikrofon eines eingeschalteten Handys über eine App seine Umgebung abhören. Weil die meisten Smartphone-Nutzer ihr Telefon permanent bei sich tragen, könnten Musik- und Fernsehgewohnheiten, aber auch analoge Gespräche, ausgewertet und gezielt für Werbung genutzt werden. Dass Suchanfragen bei Google und Einkäufe bei Amazon und Musikstreamingdiensten nach einem ähnlichen Prinzip verwertet werden, ist ja kein Geheimnis. Für personalisierte Werbung gibt es mittlerweile zahllose Algorithmen, die unsere Einkäufe und Suchanfragen beobachten und auf dieser Basis neue Produkte empfehlen: Die berühmten Produktempfehlungen von Amazon (»Kunden, die diesen Artikel gekauft haben, kauften auch«) sind nur ein Beispiel von vielen. Eine ganz andere Sache ist es natürlich, wenn mit den Kundendaten psychologische Profile erstellt werden, um beispielsweise politische Werbung zu schalten (vgl. hierzu Kapitel 5: MANIPULIEREN).

Nicht weniger politisch brisant ist der Einsatz von Gesichtserkennungstechnologien (kurz FRT: Facial Recognition Technologies) durch Regierungen. Was in manchen chinesischen Städten und in Moskau bereits Standard ist, wird seit einigen Jahren auch in europäischen Städten wie London und Berlin getestet und eingesetzt. Durch die Verbindung von Kameras und Gesichtserkennungs-Software ist es möglich, einzelne Bürger zu identifizieren. Wer in China einen Handyvertrag abschließen will, muss sein Gesicht scannen lassen. An vielen Orten kann man dann auch mit dem Gesicht bezahlen oder in ein Flugzeug einchecken.
Natürlich wird Gesichtserkennung auch zur Überwachung der Bevölkerung eingesetzt und zur gezielten Bekämpfung von Kriminalität. In den meisten europäischen Ländern ist der Einsatz dieser Technologien jedoch umstritten. Kritiker

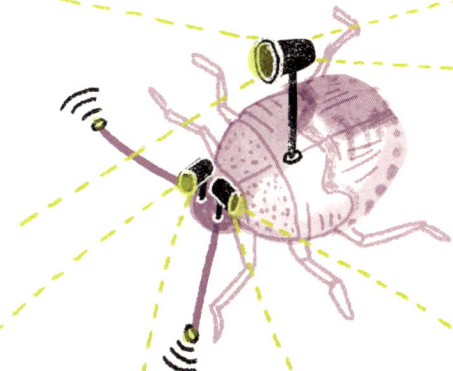

meinen, dass öffentliche Gesichtserkennung die Menschenrechte verletze. Wer Menschen im öffentlichen Raum digital ausspioniert, greift nicht nur in die Privatsphäre ein, sondern berührt auch andere Menschenrechte wie die Versammlungs- und Bewegungsfreiheit. Außerdem sei die Fehlerquote sehr hoch und das Verhältnis unangemessen: Um eine geringe Anzahl an Verdächtigen, polizeilich gesuchten Personen und Kriminellen ausfindig zu machen, würden eine riesige Anzahl an Menschen überwacht.

Die Angst davor, dass die Technologie für politische Zwecke missbraucht werden könnte, ist weit verbreitet. Sei es für die Manipulation von Wahlen oder um Bürger auszuspionieren und Daten zu sammeln. Edward Snowden, ehemaliger Mitarbeiter des US-amerikanischen Geheimdienstes NSA und Whistleblower, löste 2013 weltweit einen Skandal aus, als er umfangreiche Geheimdokumente des Geheimdienstes NSA zur Veröffentlichung freigab. Die von Edward Snowden entwendeten Dokumente wurden zunächst durch die britische Zeitung The Guardian, die amerikanische Washington Post und später auch durch Der Spiegel in Deutschland veröffentlicht. Sie enthüllten ein weltweites Netz von Spionagesystemen und belegen, dass die NSA und weitere Geheimdienste die weltweite Kommunikation massiv überwachen. Federführend dabei sind die amerikanische National Security Agency (NSA) und die britischen Government Communications Headquarters (GHCQ), die gemeinsam mit ihren Partnerdiensten jede Form elektronischer Kommunikation überwachen wollen. Zu ihren engsten Partnern gehören Kanada, Australien und Neuseeland (man nennt sie auch die *Five Eyes*). Aber auch andere Länder arbeiten mit ihnen zusammen, darunter Deutschland, Frankreich, Schweden, Belgien, Japan und Südkorea. Abgehört, ausspioniert und gehackt wurden nicht nur die Telefongespräche von über 122 Regierungschefs auf der ganzen

Welt, darunter auch Bundeskanzlerin Merkel, sehr wahrscheinlich wurden auch massenweise Datenmengen (Telefongespräche, Chats, Mails) von normalen Bürgern abgefangen, gespeichert und kontrolliert. Edward Snowden wurde von der US-Regierung wegen Spionage angeklagt und flüchtete daraufhin nach Russland.

Gegen die neue Überwachungstechnologie kommt es immer wieder zu Protesten. In Moskau kam hierfür ein eher ungewöhnliches Mittel zum Einsatz: Make-up. Ja, auch Make-up kann eine Ausdruckshandlung zivilen Ungehorsams sein. So liefen Anfang 2020 zahlreiche Mitglieder einer Widerstandskampagne gegen den flächendeckenden Einsatz von Gesichtserkennungstechnologien mit Kriegsbemalung durch Moskau. Das Make-up aus knalligen Farben ist genauso einfach wie wirksam: Es irritiert die Sensoren der Überwachungskameras und macht die Gesichter unidentifizierbar. Zu diesem Zeitpunkt waren in der russischen Hauptstadt bereits 170.000 Kameras im Einsatz. Damit aber nicht genug, denn auch die Moskauer Metro soll mit der Technologie ausgestattet werden, womit Moskau in Zukunft zu einer der meistüberwachten Städte der Welt gehören könnte.

Kritiker*innen und Expert*innen befürchten, dass dadurch ein System der totalen Kontrolle errichtet werden kann (nicht nur in Moskau, sondern weltweit!). Die realen Ausmaße der Gesichtserkennungstechnologie lassen sich allerdings nur schwer einschätzen, weil es natürlich davon abhängt, wie und wozu die Daten von der Politik in Zukunft genutzt werden. Auch wenn es weltweit unterschiedliche Formen von Protest gegen die flächendeckende Überwachung gibt, fällt der Widerstand der Menschen in den unterschiedlichen Ländern und Regionen der Welt sehr ungleich aus. Laut einer im Februar 2020 veröffentlichten Studie (u. a. von der Publizistin und Professorin Miriam Meckel) ist die Gesichtserkennungstechnologie in China am beliebtesten: 67 Prozent der Bevölkerung akzeptieren den Einsatz der neuen Technologie. In Großbritannien sind es immerhin noch 50 Prozent und in den USA 48 Prozent. Mit nur 38 Prozent gibt es in Deutschland im Vergleich dazu nur wenige Menschen, die eine flächendeckende Überwachung akzeptieren.

Die Angst vor dem politischen Missbrauch solcher Technologien ist weit verbreitet. Schon der englische Schriftsteller George Orwell (1903–1950) verarbeitete in dem Science-Fiction-Roman *1984* seine Version eines totalitären Überwachungsstaats. In einem Land namens Ozeanien werden alle Bewohner mit der Hilfe von sogenannten »Teleschirmen« (engl. *telescreens*) kontrolliert. Daneben gibt es die verschiedensten Arten von Propaganda und Gehirnwäsche, denen sie rund um

> **WIE WAHRSCHEINLICH IST ES, DASS DIESE ZUKUNFTSVISIONEN VON GEORGE ORWELL UND NETFLIX EINMAL WIRKLICHKEIT WERDEN?**

die Uhr ausgesetzt sind: darunter eine Zwei-Minuten-Hass-Sendung, Plakate, regelmäßige Berichterstattungen auf den sogenannten »Teleschirmen«, Dokumente und Flugblätter (in der ehemaligen DDR war dieser Roman übrigens verboten, und wer ihn las, musste mit einer Gefängnisstrafe rechnen). Mit diesen Mitteln werden die Bewohner von Ozeanien regelrecht manipuliert. *1984* erschien im Jahr 1949. Mittlerweile haben sich die technischen Bedingungen und Möglichkeiten durch die Digitalisierung so weit entwickelt, dass eine lückenlose Überwachung umsetzbar wäre. Die Netflix-Serie *Black Mirror* hat mit ihrer Folge *Das transparente Ich* (2011) ihre eigene Version eines totalen Überwachungsstaats geliefert. Der Staat kontrolliert seine Bewohner darin mit implantierten Erinnerungschips, das heißt, alle Erinnerungen werden gespeichert und können jederzeit abgerufen werden. In dieser Überwachungsgesellschaft gibt es keine privaten Erinnerungen mehr. Ähnlich wie bei *1984* werden Gefühle und Gedanken damit komplett öffentlich.

GEDANKENSPIEL:
WIE VIEL WHISTLEBLOWER STECKT IN DIR?

»Die kollaterale Ermordung«, so heißt ein als geheim klassifiziertes Video des US-Militärs, das die Tötung von 18 Menschen im Irak aus einem bewaffneten US-Helikopter zeigt, unter denen auch zwei Reuters-Journalisten und Rettungskräfte waren. Im Jahr 2010 veröffentlichte der Whistleblower und Wikileaks-Gründer Julian Assange dieses Video und über 250.000 vertrauliche Diplomatenberichte der US-Regierung, die unter anderem Auskunft über die Kriegsführung des US-Militärs geben. Damit kam nicht nur der Mord an Kindern, Journalisten und Zivilisten und andere potenzielle Kriegsverbrechen aus dem Irak- und Afghanistankrieg ans Licht. Auch das geheime Gefangenen-Lager des US-Militärs auf Kuba (Guantanamo) wurde auf diesem Weg enthüllt. Die Plattform Wikileaks war über Nacht weltberühmt. Die Gründer bezeichneten sich damals als »erster Geheimdienst des Volkes«. Für seine Enthüllungen soll Assange 175 Jahre in Isolationshaft in den USA bzw. die Todesstrafe bekommen.

• Sind Enthüllungen dieser Art im öffentlichen Interesse?

• Ist Julian Assange ein Spion oder ein Journalist?

• Sollten er im Namen der Pressefreiheit geschützt oder bestraft werden?

• Sind Pressefreiheit und Wahrheit wichtiger als sozialer Frieden und Diplomatie?

• Wem gehören Geheiminformationen, Bürgern oder Staaten?

• Was ist wichtiger: Geheimhaltungspflicht oder das Recht auf Wahrheit?

• Sollen Journalisten und Aktivisten auch Geheimdienste überwachen?

• Dienen die Enthüllungen dem Gemeinwohl oder schaden sie ihm eher?

• Darf man vertrauliche Daten von Regierungscomputern stehlen?

• Ist es illegal oder muss man sie sogar veröffentlichen, wenn die Informationen im öffentlichen Interesse sind?

GEDANKENSPIEL: SCHLIESSEN SICH ÜBERWACHUNG UND FREIHEIT AUS?

Ist ein freiheitlicher und demokratischer Meinungsaustausch in einem komplett überwachten Raum überhaupt noch möglich?

Führt ständige Beobachtung dazu, dass man sein Verhalten ändert?

Darf man für die Möglichkeit, Verbrecher und Terroristen zu identifizieren und Straftaten besser zu erkennen, die individuelle Freiheit im öffentlichen Raum einschränken?

Was ist wichtiger: das Recht auf Freiheit und unbeobachtete Bewegung im Raum oder die Sicherheit und der Schutz vor möglichen Verbrechen?

GEDANKENSPIEL: GIBT ES EIN RECHT AUF GEHEIMNISSE? SIND WIR WIRKLICH IMMER ZUR EHRLICHKEIT VERPFLICHTET?

Müssen selbst unsere engsten Mitmenschen wirklich alles über uns wissen?

Wollen wir wirklich alles wissen?

Sollte es ein Recht auf Vergessen geben, im Netz und auch im Leben?

Soll man seine Geheimnisse schützen, auch als Staat?

Wie würde eine Welt ohne Geheimnisse aussehen?

PROTESTIEREN!

01. WOZU ÜBERHAUPT PROTESTIEREN?

In Demokratien können Menschen alle paar Jahre wählen gehen und so ihre Zufriedenheit oder Unzufriedenheit mit der Regierung ausdrücken. Was aber ist mit der Zeit dazwischen? Und was sollen die Kinder und Jugendliche machen, die nicht wählen dürfen, aber trotzdem unter einsturzgefährdeten Sporthallen und schimmligen Schultoiletten leiden? Die Meinung von Minderheiten (also auch Kinder und Jugendliche) geht oft unter: Die Mehrheit der Jugendlichen in den USA wollten Hillary Clinton als Präsidentin sehen und die meisten jungen Wähler*innen in Großbritannien hat gegen den Brexit gestimmt. Möglicherweise ist das auch einer der Gründe, warum Parteien für einige junge Menschen wie riesige und fremdartige Apparate erscheinen.

Gerade weil die Stimmen junger Menschen nicht genug Gewicht haben, bieten Demonstrationen eine gute Möglichkeit, sich auch abseits der Wahlen Gehör zu verschaffen. Wer in der Politik nicht gehört wird, muss sich eben auf andere Weise organisieren. Darüber hinaus kann es sehr befreiend sein, ein Plakat zu schwenken, seinen Frust herauszuschreien und sich mit Menschen zu treffen, die genauso denken. Beispiele für friedliche und legale Aktionen von Jugendlichen gibt es genug: zum Beispiel die »Fridays for Future«-Bewegung (FFF), die 2018 mit der schwedischen Aktivistin Greta Thunberg populär wurde. Seitdem sind Millionen Schüler*innen auf der ganzen Welt für das Klima auf die Straße gegangen. Mit dem Titel »March for Our Lives« protestierten vor allem Jugendliche gegen Waffengewalt in den USA und mit »Save the Internet« gab es zahlreiche Proteste gegen die Upload-Filter der EU. All diese Demonstrationen haben größtenteils Jugendliche organisiert.

Womit man bei jeder erfolgreichen Bewegung rechnen muss: dass über sie viel diskutiert wird und auch Kritik ist ganz normal. So erging es auch der Bewegung Fridays for Future. Nicht selten sprechen Erwachsene den Jugendlichen in solchen Fällen ihr Wissen ab. Ganz konkret machte das zum Beispiel der FDP-Chef Christian Lindner in einer öffentlichen Rede. Er meinte, das Verständnis der globalen Klima-Zusammenhänge sei eine Sache für Profis (Jugendliche schloss er davon aus!). Dafür wurde Lindner wiederum heftig kritisiert und innerhalb kurzer Zeit stellten sich viele Stadträt*innen, Politiker*innen anderer Parteien, Wissenschaftler*innen und Vertreter*innen von Umweltorganisationen hinter die Schüler*innen. In der Politik sind solche Streitigkeiten und Reaktionen ziemlich normal. Es gibt kaum eine politische Bewegung ohne Gegenbewegung, keine Meinung ohne Gegenmeinung und bei manchen Demonstrationen gibt es zur selben Zeit eine Gegendemonstration (z. B. bei Kundgebungen von Rechtsextremen). In einer Demokratie gehören Streit und öffentliche Auseinandersetzungen dazu. Daher sind Bewegungen, Proteste und Demonstrationen auch wichtig, um ein Zeichen zu setzen.

Aber wie groß sind die Auswirkungen von Protesten wie Fridays for Future? Lohnt sich der ganze Einsatz überhaupt? Tatsächlich hat gerade FFF weltweit viel in Gang gesetzt und die Bewegung hat viele Unterstützer gefunden. Während der UN-Generalsekretär António Guterres forderte, dem Aufruf der Jugend zu folgen, verlangte auch Angela Merkel ein »noch entschiedeneres Handeln« beim Thema Klimawandel.

02. DARF JEDER ÜBERALL PROTESTIEREN?

Flashmobs, Sitzblockaden, Konzerte, Flugblätter, Online-Petitionen, Hausbesetzungen, Hashtags, Protestchöre, öffentliche Kundgebungen und private Versammlungen für kritischen Austausch und eine freie Diskussion ... Es gibt viele Arten zu protestieren! Die Bandbreite reicht von angekündigten Demonstrationen auf der Straße bis zu spontan organisierten Protesten wie zum Beispiel einer Party auf dem Kurfürstendamm. Noch besser ist aber: Es besitzt zwar nicht jede*r Wahlrecht, aber jede*r darf und kann protestieren! Auf diese Weise können sich auch Minderheiten Gehör verschaffen.

Für alle Proteste und Versammlungen gilt: Eine Stimme hört man nicht. Hundert Stimmen überhört man wahrscheinlich immer noch. Aber hunderttausend kann man nicht überhören. Sie haben Macht. Zu protestieren bedeutet erst einmal nur, dass man etwas öffentlich bezeugt. In der Politik meint man mit Protest häufig einen öffentlichen Widerspruch gegen bestimmte Maßnahmen. Die Demonstration ist deswegen vielleicht auch die bekannteste Form des Protests. Aber protestieren meint nicht einfach nur gegen etwas zu sein. Jedes »gegen« ist auch immer ein »für« etwas! Protestieren bedeutet daher meist, sich für etwas einzusetzen, für eine Sache, für ein friedliches Miteinander, für bestimmte Werte wie Gerechtigkeit, Klima- und Umweltschutz oder Pressefreiheit. Ein Beispiel: Wenn man seine Meinung gegen Rassismus öffentlich kundtut, setzt man damit ein Zeichen gegen ausgrenzendes Denken und gleichzeitig für einen respektvolleren Umgang. Egal gegen was man protestiert, gegen Armut, Umweltverschmutzung, Rechtspopulismus oder zu hohe Steuern, fast immer steht dahinter der Wunsch nach einer gerechteren, freieren, friedlicheren oder irgendwie besseren Welt.

Leider sind nicht alle Proteste friedlich. Manche Demonstrationen vertreten ein menschenfeindliches Weltbild, rufen sogar zu Gewalt

auf. Auf Pegida-Demonstrationen zum Beispiel wird sogar ganz unverhohlen der Hitlergruß gezeigt, um gegen andere Kulturen zu protestieren. Die Pegida-Kundgebungen zeigen, dass man sich mit seinem Protest auch für Hass und Hetze einsetzen kann (hinter diesem Protest steht ein Reinheitsideal und die Sehnsucht nach einem deutschen Volk ohne fremde Einflüsse!). Außerdem werden Proteste nicht in jedem Land geduldet. Im Jahr 2012 stürmte die russische Punkrock-Band Pussy Riot mit bunten Masken in eine Moskauer Kathedrale, um gegen die Regierung von Vladimir Putin und gegen die russisch-orthodoxe Kirche zu protestieren. Ihr eigentlich recht harmloses »Punk-Gebet« dauerte nicht einmal eine Minute. Im Anschluss wurden drei der jungen Musikerinnen zu mehreren Jahren Haft verurteilt. Begründung: Religiös motiviertes Rowdytum (mit »Rowdy« ist meist eine jüngere Person gemeint, die sich in der Öffentlichkeit rebellisch benimmt und gewalttätig wird). Trotz internationaler Kritik von prominenten Künstlern (u. a. die Sänger*innen Paul McCartney, Madonna und Björk) und Amnesty International mussten sie ins Straflager. Die drei feministischen Künstlerinnen stellten daraufhin eine Anzeige beim Europäischen Gerichtshof für Menschenrechte. 2018 entschied der europäische Gerichtshof in Straßburg zu ihren Gunsten und forderte die russische Regierung zur Zahlung von Schadensersatz auf, weil die Rechte der Musikerinnen verletzt worden seien.

Obwohl es manchmal zu Ausschreitungen und Gewalt kommen kann, sind Proteste und Demonstrationen ein wesentlicher Bestandteil von Demokratien. Die deutsche Wiedervereinigung zum Beispiel wäre ohne friedliche Massenproteste undenkbar gewesen. Die sogenannten Montagsdemonstrationen in Ostdeutschland hatten einen entscheidenden Anteil daran, dass 1989 die DDR zusammenbrach. Später dann sogar der gesamte Ostblock. Überall, von Prag bis nach Riga, gingen die Menschen damals auf die Straße.

Dass Protest und aktiver Widerstand auch in Diktaturen möglich ist, zeigt die Geschichte von Sophie und Hans Scholl. Obwohl sie von ihren Eltern eine humanistische Erziehung genossen hatten, waren sie anfangs begeisterte Mitglieder der Hitlerjugend. Doch ließ ihre Begeisterung schnell nach, als sie in Konflikte mit dem autoritären Nazi-Regime gerieten. Gemeinsam mit ein paar anderen Studenten gründeten sie 1942 die Widerstandsgruppe »Weiße Rose«. Während um sie herum der Zweite Weltkrieg tobte, begannen sie im Sommer 1942 damit, ihre berühmten Flugblätter zu verteilen. Sie riefen darin gegen die NS-Diktatur auf und forderten das Ende des Krieges. Insgesamt verteilten sie sechs Flugblätter mit mehreren Tausend Auflagen, oftmals in heimlichen Aktionen über Nacht. Das erste Flugblatt begann mit den Worten: »Nichts ist eines Kulturvolks unwürdiger, als sich ohne Widerstand von einer verantwortungslosen und dunklen Trieben ergebenen Herrschaftsclique ›regieren‹ zu lassen.« In ihrem sechsten und letzten Flugblatt riefen sie schließlich zum aktiven Kampf gegen die Nationalsozialisten auf. Bei einer waghalsigen Verteilaktion wurden Hans und Sophie Scholl am 18. Februar 1943 gestellt. Ein Hausmeister entdeckte sie im Hauptgebäude der Münchner Universität. Sie wurden erst dem Rektor und danach der Gestapo (Geheime Staatspolizei) übergeben. Vier Tage später, am 22. Februar 1943, wurden sie vom Volksgerichtshof zum Tode verurteilt und noch am selben Tag durch die Nazis enthauptet.

EIN DEUTSCHES FLUGBLATT

Wir sind euer böses Gewissen!

GEDANKENSPIEL: WARUM GEHT MAN AUF DIE STRASSE?

• aus Angst

• aus Unzufriedenheit

• aus Überzeugung

• weil man wütend ist

• weil man etwas als ungerecht empfindet

• aus Empörung

• weil man nichts mehr zu verlieren hat

• weil andere es auch machen

• aus Eigennutz

• weil man sich verantwortlich fühlt

Kann man auch aus Liebe protestieren?

GEDANKENSPIEL: DAFÜR ODER DAGEGEN?

Protestierst du lieber für oder gegen etwas?

Was ist deiner Meinung nach wirksamer?

Für welche Themen würdest du auf die Straße gehen?

Gibt es ein Thema, für das du dein Leben riskieren würdest?

ENGAGIEREN!

01. WOFÜR WILLST DU DICH ENGAGIEREN?

Nicht jeder ist zum Protestieren oder Demonstrieren gemacht. Und nicht jeder stürmt eine Kirche wie Pussy Riot, leistet Widerstand wie Sophie und Hans Scholl oder riskiert als Whistleblower sein Leben! Aber was wirklich jeder kann: sich engagieren. Genauso wie beim Protestieren geht es hier um eine Sache oder um Menschen, für die man sich einsetzen will. Natürlich kann man sich auch für die eigene Rente engagieren, aber das ist hier nicht gemeint. Das persönliche Engagement muss etwas betreffen, das alle angeht und über das persönliche Wohl hinausgeht und das Gemeinwohl fördert. Das Gemeinwohl steht für das Gesamtinteresse einer Gesellschaft (im Gegensatz zu Einzel- und Gruppeninteressen!). Dabei geht es in erster Linie natürlich um das menschliche Zusammenleben und um die Zukunft der Menschheit, aber nicht nur. Das Gemeinwohl schließt auch den Zustand der Welt, der Natur und das Leben der Tiere ein.

Auch wenn man noch nicht wählen darf, gibt es verschiedene Optionen, sich zu engagieren. In der Schule kann man sich als Schülervertreter oder Klassensprecher wählen lassen. Damit kann man gleich schon einmal üben, wie es ist, Verantwortung zu übernehmen und andere von Ideen und Vorschlägen zu überzeugen. Wer will, kann aber auch schon in der Politik mitmachen, denn alle großen Parteien haben Nachwuchsorganisationen, in denen man sich engagieren kann. Am besten informiert man sich vorher auf den Seiten der Grünen Jugend, der Jungen Liberalen, der Jungen Union, den Jusos oder bei der Linksjugend. Für junge Menschen, die politisch einfach nur mal mitreden und mitmischen wollen, ohne sich in einer Partei zu engagieren, gibt es ein eigenes Portal vom Bundestag (www.mitmischen.de). Darüber hinaus gibt es zahlreiche Informationen,

Materialien und Veranstaltungen von der Bundeszentrale für politische Bildung, u. a. das Jugendmagazin Fluter. Aber auch Medien wie Funk (Jugendangebot von ARD und ZDF) und Zeit Online haben viele Angebote, Formate und Veranstaltungen, die auf aktive Beteiligung von jungen Menschen unter 30 Jahre setzen (u. a. die Festivalreihe Z2X und das Video-Format Represent). Youtuber wie Florian Diedrich (LeFloid) und Mirko Droschmann (MrWissen2Go) bieten seit vielen Jahren immer wieder auch Videos über Politik an. Nicht zu vergessen die Reporterin und Moderatorin Eva Schulz, die es mit dem Facebook-Format »Deutschland3000« (funk / rbb) geschafft hat, ein junges Publikum für Nachrichten und politische Themen zu begeistern. Laut einer Studie von 2019 (Horizont) wünschen sich übrigens mehr als 50 Prozent der 12- bis 19-jährigen Deutschen, dass YouTube-Formate stärker in den Unterricht einbezogen werden. All diese Initiativen zeigen, dass es sehr viele Jugendliche gibt, die den Willen haben, sich zu beteiligen und die Welt zu verändern. Äußerst erfolgreich und bekannt in dieser Hinsicht ist zum Beispiel die britische Schauspielerin Millie Bobby Brown, die 2018 mit 14 Jahren zur Botschafterin von UNICEF ernannt wurde (und war damit die jüngste Botschafterin, die sich jemals für das berühmte Kinderhilfswerk der Vereinten Nationen engagiert hat!).

Nicht jeder muss sich politisch engagieren, um etwas zu tun und um in der Gesellschaft etwas zu bewirken. Hazel Brugger und Jan Philipp Zymny zum Beispiel sind zwei Poetry Slammer, die sich zunächst einmal mit Lyrik und Poesie beschäftigt haben. Gleichzeitig stehen sie aber auch für Gleichberechtigung, denn in der Poetry Slam-Szene sind ähnlich viele Frauen und Männer aktiv. Außerdem engagieren sie sich mit Umwelt-Slams aktiv für das Thema Klima- und Umweltschutz. Selbstverständlich kann man auch eine eigene Partei gründen, um sich für Umweltschutz einzusetzen (wie es die Grünen einmal gemacht haben!), aber warum nicht auf andere Art sich damit auseinandersetzen? Auch Fridays for Future hat zunächst mit ein paar wenigen jungen Menschen angefangen, die neue Wege suchten, auf die Folgen des Klimawandels aufmerksam zu machen. Und ohne das Engagement einzelner Personen wäre die ganze Bewegung nicht so erfolgreich. Jede und jeder trägt seinen Teil zur Bewegung bei, ob nun Luisa Neubauer, die manchmal als »deutsche Greta« bezeichnet wird, einzelne Aktivistinnen einer Stadt (z. B. Annika Rottmann in Hamburg) oder die vielen Schüler*innen auf den Straßen. Wichtig ist vor allem eine Sache, die auf alle Bewegungen in der Gesellschaft zutrifft: Man engagiert sich meistens nicht allein, sondern in einer Gruppe. Das heißt, man tritt als Gruppe für ein bestimmtes Thema ein, z. B. gegen Artensterben, gegen Folter und Gewalt, gegen Rassismus, gegen Umweltverschmutzung oder gegen sexuellen Missbrauch. In dieser einen Sache zeigt man eine solidarische Haltung, d. h., man übernimmt gemeinsame Verantwortung dafür.

In vielen Fällen geht es darum, überhaupt erst einmal ein Bewusstsein für bestimmte Themen zu schaffen. Zum Beispiel der Hashtag #metwo, der seit 2018 Menschen mit Migrationsgeschichte dazu auffordert, von ihren Diskriminierungserfahrungen zu erzählen. In Anlehnung an #metoo geht es hier um Rassismus im Alltag. Oder die Kampagne HeForShe – schon mal davon gehört? Die Schauspielerin Emma Watson hat HeForShe 2014 in einer bewegenden Rede vor den Vereinten Nationen in New York vorgestellt. »Sowohl Männer als auch Frauen sollten sich sensibel fühlen dürfen, sowohl Männer als auch Frauen sollten sich stark fühlen dürfen«, forderte Emma Watson und setzte ein deutliches Zeichen gegen Diskriminierung und für die Gleichberechtigung von Frauen und Männern. Um mehr Menschen für die Bewegung zu gewinnen, tritt sie regelmäßig als UN-Sonderbotschafterin für Frauenrechte auf und ist so zum Gesicht der Kampagne geworden.

Wer mehr Gleichberechtigung will, könnte sich zum Beispiel auch für eine gerechtere Aufteilung der Sitze im Bundestag einsetzen. Im Vergleich zur Gesamtbevölkerung sind dort Frauen, junge Menschen zwischen 21 und 29 Jahren, Menschen über 60 Jahre und Menschen mit Migrationshintergund unterrepräsentiert (apropos, das Gleiche trifft auf Landbewohner zu, auf Menschen mit Hauptschulabschluss und auf Menschen mit einer Behinderung!).

Dank Social Media wird die Auseinandersetzung mit der Lebenswelt immer vielfältiger und die Vernetzung intensiver. Auch online kann man als Bürger*in jederzeit aktiv werden und soziale Medien erleichtern es, Gleichgesinnte zu mobilisieren. Allerdings stehen die wirksamen Mittel der digitalen Kommunikation allen Menschen zur Verfügung, also auch denen, die gegen die Demokratie und gegen die demokratischen Werte sind. Auch sie können sich leichter vernetzen und ihre Ideen und Überzeugungen unter die Leute bringen. Sprich, auch für rassistische, menschenverachtende und extremistische Vorstellungen ist die Verbreitung einfacher geworden. Es reicht also häufig nicht aus, einfach nur für etwas zu sein. Wer sich für etwas engagieren will, sollte bis zu einem gewissen Grad auch wissen, was die Umsetzung der eigenen Ideale behindert und wer sich gegen die eigenen Werte stellt. Das bedeutet konkret, dass man auch im Alltag nach seinen Werten handelt und für die eigenen Werte einsteht. In einer Demokratie spricht man hierbei deshalb auch von »Zivilcourage« oder »Haltung zeigen«: der Mut, seine eigene Meinung laut zu sagen, und die Bereitschaft, sich im Notfall auch aktiv für andere einzusetzen.

02. VON WELCHER ZUKUNFT TRÄUMST DU?

Auch wenn das jetzt radikal klingt: Wir brauchen Europa als notwendiges Gegengewicht zu Nationalismus, Rassismus und Krieg. Europa steht daher nicht umsonst für Freiheit, Menschenrechte, Frieden und Demokratie. Die europäische Demokratie hat eine über 2.500-jährige Geschichte voller Machtkämpfe, Traditionen, Revolutionen, Irrtümer, Errungenschaften und Erfolge hinter sich. In dieser Zeit besaßen viele unterschiedliche Länder die Vorherrschaft innerhalb Europas, mal die Griechen, mal die Italiener, mal die Spanier, mal die Franzosen, mal die Österreicher, mal die Engländer und mal die Deutschen (vom 9. bis 11. Jahrhundert hatte übrigens auch die arabische Kultur einen großen Einfluss auf Europa und die europäischen Länder!). Europa ist Teil einer Geschichte, in der sich unterschiedliche Kulturen und Sprachen gegenseitig beeinflusst haben. Seit über 2.500 Jahren streben die Europäer*innen nach Glück, Freiheit und Emanzipation. Deswegen gehören Vielfalt, Toleranz, Menschenrechte, Pressefreiheit, Gleichberechtigung, universelles Denken und Bewusstsein für Natur und Umweltschutz bis heute zu den wichtigsten Grundwerten in Europa. Auch Toleranz gegenüber Religionen, Atheisten, unterschiedlichen

Kulturen und Identitäten hat eine lange Tradition. Denn Europa ist mehr als Wirtschaft und Politik. Es ist eine Idee und eine Kultur mit gemeinsamen Grundwerten.

Die Vergangenheit zeigt deutlich: Je stärker die einzelnen Länder in Europa ihre nationalistischen und egoistischen Interessen verfolgt haben, desto mehr kam es zu Konkurrenz und blutigen Kämpfen. In diesem Sinne ist die Europäische Union eine konsequente Maßnahme, um partnerschaftlichen Austausch und Frieden sicherzustellen. Das wiederum bedeutet, dass keine Nation einfach nur für sich allein besteht. Das gilt besonders in Zeiten der Globalisierung. Jedes Land ist auf Zusammenarbeit und internationale Kooperation angewiesen. Die Stärke der europäischen Staatengemeinschaft besteht daher nicht nur in ihrer gemeinsamen Geschichte, sondern auch in ihrer kulturellen Vielfalt und in ihren vielen regionalen Verbindungen. Europa heißt nämlich auch: Freiheit zu reisen, leben, lieben, denken und sprechen! All diese Errungenschaften sollten wir nicht ohne Widerstand den europäischen Nationalisten und Rechtspopulisten überlassen. Wann immer jemand »Wir sind das Volk!« schreit, sollte man widersprechen und rufen: »Wir sind Europa!«

Was wir brauchen, ist eine junge Revolte für Europa! Wir brauchen Ideen und Menschen, die den Mut haben, ihre Idee und ihren Traum von Europa zu leben. Einer dieser Träume könnte eine europäische Republik aus vielen unterschiedlichen Staaten sein. In dieser Europäischen Republik wären alle Europäer*innen und gleichzeitig Bürger*innen ihrer Nation. Wann und zu welchen Bedingungen wird man endlich die Europäische Staatsbürgerschaft beantragen können? Darf man irgendwann sogar seine nationale Staatsbürgerschaft gegen einen europäischen Pass eintauschen, weil man sich viel mehr als Europäer sieht und nicht so sehr als Bewohner eines Landes mit nationalen Grenzen? Wird es irgendwann ein Grundeinkommen für alle geben? Für welche Ideen lohnt es sich, auf die Straße zu gehen, zu protestieren? Welche Zukunftsvision ist es wert, sich heute schon dafür einzusetzen?

GEDANKENSPIEL: MACH DIR EINE LISTE MIT DEINEN EUROPÄISCHEN GRUNDWERTEN!

- Pressefreiheit
- Menschenrechte
- Gleichberechtigung
- Umweltschutz
- Sicherheit
- Aufklärung
- Wissenschaft
- Meinungsfreiheit
- Toleranz
- Gerechtigkeit
- Demokratie
- Internationale Zusammenarbeit

Was bedeutet Europa für dich?

Welche drei europäischen Werte findest du am wichtigsten?

Wie sieht deine ideale Gesellschaft aus, heute und in der Zukunft?

Welche Werte würdest du unbedingt noch hinzufügen?

Wie engagierst du dich für deine ideale Gesellschaft?

Was ist dein gesellschaftlicher Beitrag für mehr Zusammenhalt in Deutschland, Europa oder in der Welt?